JN199837

［著］伊藤 勘司

［監修］菅 智晃

MERCHANT
BOOKS

− vol.2 −

ず→っと売れる WEBの仕組み のつくりかた

KOYU 厚有出版

What's Merchant Books ?

『マーチャントブックス』とは…？

少資金戦略の第一人者として創業以来数多くの起業家を世に送り出している（株）アイマーチャントの菅智晃が、ビジネスの垣根を超えた経営者の学びの場として2014年に立ち上げた『マーチャントクラブ』。

ここから、さまざまなシーンで活躍する気鋭の起業家たちが著者となり、ビジネスに役立つ情報や飛躍のヒント、アドバイスを発信する書籍シリーズ、それが『マーチャントブックス』です。

マーチャントクラブ
ホームページ
http://merchantclub.biz/

株式会社アイマーチャント代表取締役
マーチャントクラブ主宰
マーチャントブックス監修

菅　智晃

はじめに

ずーっとWEBで売れるために、あなたに知ってほしいこと

はじめまして。伊藤勘司です。

書籍タイトルの通り、本書では「ずーっと売れるWEBの仕組みのつくりかた」をあなたにお伝えしていきます。

この本を手に取ってくれたあなたは、きっと「WEBで集客とセールスを自動化する」というコンセプトに心惹かれている経営者、もしくは個人事業主の方でしょう。

WEBを活用してあなたのビジネスを仕組み化することで、毎月の売り上げが安定する。毎日の煩わしい営業活動から解放される。少数の大型クライアントに依存することで主導権を握られるリスクから解放される。待っていれば向こうからお客さんがやってきてくれる……こうしたアイデアやビジョンに魅力を覚えて、WEBで売れる仕組みをつくることに意欲を燃やしているのではないでしょうか。

いったん仕組みをつくってしまえば、あとはメンテナンスに注力すれば、ビジネスを長期にわたって安定させることができます。仕組みをつくって運用・改善する期間が長くなればなるほど、仕組みづくりのノウハウが蓄積されていきます。

WEBで売れる仕組みをつくる技術がコツコツと積み重なっていくことで、次に新しい仕組みをつくる時に成功する確率も高くなっていきますし、事業としての価値もどんどん高まっていきます。仕組みづくりの技術を高めるこ

とは、目先の売り上げの安定のみならず、将来にわたって自社の競争力を高めることにもつながります。

仕組み化って、素晴らしい！

何を隠そう私自身、WEBの仕組みづくりに魅了された人間のひとりです。何事につけ、「もっと効率の良いやり方はないものか」と考える性格の私は、自分自身のビジネスを自動化することに以前から強い興味を抱いていました。

数年前からWEBを活用した集客やセールスの自動化を研究し始めて、多くの失敗を経験しながらもノウハウを蓄積して今に至ります。本書では、過去の私と同じように「仕組み化」に魅了された方に向けて、数年間を短縮する知識をお届けしていきます。

● なぜ、WEBの仕組みづくりは失敗したのか？

ブログやメルマガを書き始める前に押さえておくべきポイント

もしかしてあなたは、以下のような悩みを抱えていませんか。

「毎日コツコツとブログやメルマガ、あるいはSNSを更新しても集客につながらない…」
「フロントセミナーにはたくさんのお客さんが集まるのに、肝心のバックエンドは誰も購入してくれない…」

これらは、WEB集客に取り組まれている方の典型的な悩みです。例えば私のとあるクライアントの方は、毎月のフロントセミナーには15名から20名をコンスタントに集客できているにもかかわらず、バックエンド商品がほとんど売れないという悩みを抱えていました。

いったいなぜ、思うようにいかないのでしょうか？

　実は、WEB集客で成果を生み出すためには、外してはいけないいくつかのポイントがあります。このポイントを満たす前にいくらブログやメルマガを書いても、残念ながら集客につながることはないのです。

　ブログやメルマガを書き始める前に押さえておくべきポイントについて、私自身の過去の失敗エピソードを交えながら解説していきます。

明確でないものはなかなか広がらない

　お恥ずかしい話ではありますが、以前の私は「仕組みで売るには、仕組みをつくればよい」と考えている時期がありました。極端に言えば「仕組みさえつくれば何でも売れる」と考えていた、ということです。

　突然ですが、ビジネスの売上は「価値」と「レバレッジ」の2つの掛け算で決まります。

> **売上＝価値×レバレッジ**

　「価値」とは「誰を」「どう」喜ばせるのか、ということです。一方、「レバレッジ」とは「てこ」のことで、「広げる」という意味でここでは使っています。つまり、「価値」があるものを「広げる」ことで、はじめて売上が生まれるということです。言ってしまえば当たり前の、商売の大原則です。

　ところが以前の私は、この方程式の中の「レバレッジ」にばかり目を向けていました。「価値」を無視して「レバレッジ」さえうまいことやれば売上が生まれるだろうと踏んでいたのです。

　過去の私と同様に「WEB集客をやってみたけど成果が出ない」とお困りの

方の多くは、「誰に対してどんな価値を提供するのか」を明確に定めないうち
にWEB集客を始めているように見えます。これでは、うまくいかないのです。

　ブログやメルマガ、あるいはSNS等のWEBツールは、上の方程式で言う
ところのレバレッジを掛ける手段です。レバレッジの役割は「増幅すること」
です。

　1の価値に100倍のレバレッジを掛ければ、100という売上が生まれます。

$$価値1×レバレッジ100＝売上100$$

　ところが、価値が0であれば、100倍のレバレッジを掛けても売上はゼロ
です。

$$価値0×レバレッジ100＝売上0$$

　この場合の0とは「誰に対して何を提供するかが決まっていない状態」を指
します。

　価値が0の状態でWEB集客で大きなレバレッジを掛けようとしても、結局
は0なのです。私の元にWEB集客の相談に来てくださる方の多くは、このよ
うな状態にありました。

　だから、「いきなりブログやメルマガを書き始めるな！」なのです。

　価値として定まっていないものを広げようとしても、そもそも広がりません。
WEBで売れる仕組みをつくるために本当に大切なことは、ブログやメルマガ
でレバレッジを掛ける前に、「仕組みで広げるに値する価値をいかに生み出すか」
にかかっているのです。

「売れる自信がないから」と、見込み客リストを沢山集めようとしていませんか？

　WEBの仕組みづくりの成否は、本当にこの一点にかかっています。価値に目を向けない仕組みづくりが成功することは、決してありません。

　イメージしやすいように、例をひとつ挙げましょう。

　あなたの周りに、「見込み客リスト（メールアドレス）」を沢山集めようと頑張っている人はいませんか。

　なぜその人達が見込み客リストを沢山集めようとしているのか？　一言で言えば「売れる自信がないから」です。

　「数撃ちゃ当たる」とばかりに、見込み客リストを沢山集めてマシンガンのようにセールスをかければ誰か一人くらいは買ってくれるだろう、と考えているから、見込み客リストを沢山集めようと躍起になるのです。

　偉そうに語っていますが、これも何を隠そう、過去の私自身のことです。

　過去の私はまさに今お話ししたように、売れる自信がない、つまり自分の商品の価値が定まっていないがために、大量の見込み客リストを集める方法ばかりを模索していました。

「いったいどうすれば、大量の見込み客リストを集めることができるのだろう？」
「他の人がWEBで沢山売れているのは、見込み客リストが沢山あるからだ」

　日々このような思考のループに入り込んで、いつも最終的には「見込み客リストを大量に集めることができない自分には、WEBで商品を売ることはできないのか……」という（誤った）結論にたどり着いて、ひたすら悶々としていたのです。

● ずーっと売れるWEBの仕組みの成功法則

数名のメルマガ読者から利益が生まれた転機

そんな私に転機が訪れたのは、「今スグ売れる仕組みをつくることはできないとしても、まずは日々の学びをアウトプットするところから始めよう！」と思い立って、ブログを立ち上げてからのことです。

毎日のアクセス数がわずか数10PVの小さなブログでしたが、試しにメルマガの登録フォームをブログに設置したところ、ちらほらと登録してくれる人が現れました。

「こんなに小さなブログでも、メルマガに登録してくれる人がいるんだ」と気を良くした私は、たった数名のメルマガ読者に個別にコンタクトを取ってコミュニケーションをとり始めました。

当時の私は「メルマガでまとまった売上を上げるためには、少なくとも数100の見込み客リストが必要だ」と信じ込んでいたので、自分のメルマガから売上を生み出そうなんて考えてもいませんでした。ただただ、「いったいどんな人が登録してくれたのだろう？」という私の興味から読者とコンタクトを取り始めたのです。

そうしてコミュニケーションを繰り返すうちに、不思議なことが起こりました。読者との対話を重ねていくにつれ、少しずつ彼らの悩みや不安、そしてニーズが見えるようになってきたのです。

「これはもしかして、商品を何か提案したら売れるのではないか……!?」という予感は日に日に強まっていき、ある日とある読者の方に商品を提案したことをきっかけとして、いつのまにか小さなメルマガから数100万円の売上が生まれたのです。

WEBで売れる仕組みは誰にでもつくれる

　その後もプロモーションを繰り返していった結果、時間が経つごとに見込み客リストの数は着々と増える一方、ノウハウの蓄積によってセールスの精度は向上していきました。そして「こうすれば売れる」という勝ちパターンが見えてきた段階でセールスの手順を徐々に自動化していったところ、仕組みとして段々と回るようになっていったのです。あれほど願っていた「WEBでレバレッジを効かせる仕組み」が、予想もしなかったプロセスで誕生した瞬間でした。

　自身のプロモーションに加えて、さまざまな業種の方のWEB集客や販売についてアドバイスさせていただく経験を通して、自分の中で段々と「うまくいくパターン」が体系化されていくことで、セールスはよりシンプルに、より効率的になっていきました。

　WEBでのセールスにもかかわらず、セールスレターを使わなかったこともあります。オンラインのチャットで会話しながら提案するだけで商品が売れることもありました。

　しかも、決して安い商品ではありません。半年間のスクール企画で最低でも24万円、個別コンサル企画ともなると、時に商品単価は100万円を超えました。商品として用意すらしていないのに、見込み客の方から「売ってください」と言われたことも一度ならずありました。

　巷では「WEBではもう売れない」「沢山の見込み客リストを抱えた人しか売れない」などと囁かれています。しかし、これらの主張は必ずしも真実ではありません。あなたの見込み客を正しく理解して適切なアプローチさえ行えば、WEBで売れる仕組みは誰にでもつくることができるのです。

売れる仕組みをつくるために本当に大切なこと

　「WEBで売れる仕組み」というテーマの本書を手に取ってくれたあなたは、

もしかしたら「ブログの書き方」「メルマガの発信方法」「反応が取れるSNS投稿術」等が聞けるものとワクワクしているかもしれません。

しかし、もしそのような期待をされていたなら大変申し訳ないのですが、本書ではそうした個別具体的なテクニックはあまりお伝えしていません。

なぜかと言えば、これまでの経験から言って、売れる仕組みを完成させるためには本当に重要なポイントはそこではなかったからです。

わかりやすいノウハウやテクニックを取り扱っている類書やビジネススクールはすでにたくさんありますし、ネットの情報発信が非常に盛んな現代では、WEBで検索すれば細かい情報はいくらでも手にすることができます。

にもかかわらず、なぜ集客でうまくいく人はいまだに少ないのでしょうか？なぜ必要な情報は「すでにそこにある」にもかかわらず、思い描いた成果を手にできる人はそれほど多くないのでしょうか？

それは、多くの人が「売れる仕組みをつくるために本当に必要な知識や視点を知らない」からではないでしょうか。

そのような人たちに売れる仕組みづくりの術をステップを踏みながら体得してほしい、との想いから、本書を認めました。

本書では、似たようなアドバイスを繰り返しあなたに投げかけています。くどく感じることもあるかもしれません。しかし、重ねて伝えているポイントこそ重要なのだ、と捉えていただければ幸いです。

それでは次のステップから、仕組みをつくるための具体的なお話に入っていきましょう。

本書のもくじ

本書では、「ずーっとWEBで売れる仕組みのつくりかた」を解説していきます。本文に入る前に、この「もくじ」で仕組みづくりの全体像を俯瞰してみましょう！

はじめに

ずーっとWEBで売れるために、あなたに知ってほしいこと ・・・・・・・・・・・・ 3
なぜ、WEBの仕組みづくりは失敗したのか？ ・・・・・・・・・・・・・・・・・・・・・・ 4
ずーっと売れるWEBの仕組みの成功法則 ・・・・・・・・・・・・・・・・・・・・・・・・ 8

売れるWEBの仕組みづくりは「リサーチ」から始まります。現時点で顧客ゼロでもリサーチできる手順とポイントをまとめました。すでにビジネスをしている方も本書に従ってアクションしていただくことで、きっと新たな発見があるはずです。見込み客との対話を楽しんでください！

見込み客と出会い、徹底的にリサーチする ・・・・・・・・・・・・・・・・ 15

01 　最も地味ながら最も重要なプロセス　それが「リサーチ」・・・・・・・・・・・ 16
02 　「リサーチ」の質を大きく左右する「対話力」・・・・・・・・・・・・・・・・・・・・ 18
03 　あなたのビジネスの見込み客はいったい誰ですか？ ・・・・・・・・・・・・・・ 20
04 　「売れるキーワード」に必ずみられる３つの特徴とは？ ・・・・・・・・・・・・・ 22
05 　「売れるキーワード」を見つける効果絶大なリサーチ方法とは？ ・・・・・・・ 26
06 　見込み客と出会う効果的な方法と興味を見出すテクニック ・・・・・・・・・・ 32
07 　対話を重ね見込み客を深く知ることで新たなビジネスニーズが
　　　引き出せる ・・ 34
08 　見込み客が発する言葉には黄金がザクザク埋没している！ ・・・・・・・・・・ 36
09 　初めての見込み客との対面であなたが最優先にすべきことは？ ・・・・・・・ 38
10 　専門家としての権威は「たった１分」でつくれる ・・・・・・・・・・・・・・・・・ 42
11 　なかなか本音が見出せなければ他の見込み客も利用する ・・・・・・・・・・・ 44
12 　理想と現実の狭間にこそ真実のキーワードがある ・・・・・・・・・・・・・・・・ 46
13 　「表のニーズ」だけ見ていては見込み客の心はつかめない ・・・・・・・・・・・ 48
14 　見込み客とともにストーリーを紡いで「記憶と印象に残る人」になる ・・・・・・・ 50

Step ①　Q＆A ・・ 52

Step ②

リサーチで見込み客の情報が集まったら、商品の設計です。売れる仕組みをつくる最短ルートは「売り込まずとも売れる商品づくり」に全力を投下することです。本の流れに沿って売れる商品を完成させて、素早くテストセールスを行いましょう。スピード命です！

差し出すだけで「それ、欲しい！」と言ってもらえる商品を設計する ………………………………………………………………… 53

01	仕組みづくりで致命的な失敗を回避する必須プロセス	………………	54
02	バックエンド商品設計（1）	リサーチ結果から「商品の輪郭」をつかむ ………	56
03	バックエンド商品設計（2）	見込み客の購買心理を読み死角を打ち消す ……	58
04	バックエンド商品設計（3）	見込み客の主観のみに囚われてはいけない ……	60
05	バックエンド商品設計（4）	商品に「あなた独自の価値」を吹き込む ………	62
06	バックエンド商品設計（5）	「思い込み」という落とし穴に要注意！ ………	64
07	バックエンド商品設計（6）	えっ、USPでの差別化は不要？ ……………	66
08	バックエンド商品設計（7）	最初から大きな土俵で勝負しない ……………	68
09	バックエンド商品設計（8）	ライバルを引き離す「3つの質問」 …………	70
10	バックエンド商品設計（9）	ライバルの商品を見極める3つの視点 ………	72
11	バックエンド商品設計（10）	「心理的距離」に応じた商品設計を！ ………	74
12	バックエンド商品設計（11）	高額商品における集客のポイントとは？ ……	78
13	バックエンド商品設計（12）	売れるネーミングにはワケがある！ ………	82
14	バックエンド商品設計（13）	商品の価格はどうやって決める？ ……………	86
15	バックエンド商品設計　補講（1）		
	自己商品なしでもリストビジネスは可能 …………………………………		90
16	バックエンド商品設計　補講（2）		
	テストセールスで商品の完成度を確認 ……………………………………		94
17	バックエンド商品設計　補講（3）		
	見込み客を落とす「3つのストーリー」 …………………………………		100

Step ②　Q&A ………………………………………………………………… 104

Step ③

売れる商品づくりが完了したら、いよいよ本丸の仕組みづくりです。ここまでの時点で、売れる仕組みをつくる「仕込み」は完了しています。あとはこれまで集めてきた情報やデータ、そしてあなたの「勝ちパターン」を振り返りながら、あなたの商品と見込み客の出会いを演出する仕組みを構築していきましょう！

あなた独自の成功パターンを活かして仕組みを構築する

あなた独自の成功パターンを活かして仕組みを構築する ········· 105

01 「売れる原理原則」を理解する ··· 106

02 あなた独自の「勝ちパターン」を仕組みづくりに活かす ···················· 108

03 あなたのビジネスを「仕組み化」する全体像の捉え方 ···················· 114

04 集客を仕組み化する（１） メディア候補をリサーチする ·················· 116

05 集客を仕組み化する（２） 集客するメディアを絞り込む ·················· 118

06 集客を仕組み化する（３） メディアの注目度を高める視点 ··············· 122

07 集客を仕組み化する（４） 見込み客の心を一瞬で奪うには？ ··········· 126

08 信頼関係構築の流れを仕組み化する（１）
商品の前に「自分」を売り込む ··· 128

09 信頼関係構築の流れを仕組み化する（２）
「あなたが見ている景色」を共有する ·· 132

10 信頼関係構築の流れを仕組み化する（３）
「圧倒的な実績」を計画的に創り出す ·· 134

11 信頼関係構築の流れを仕組み化する（４）
価値観を共有して「しっくり感」を創り出す ····································· 138

12 商品購入までのフローを仕組み化する（１）
「行動の必然性」を理解させる ··· 140

13 商品購買までのフローを仕組み化する（２）
商品の必然性を刷り込む ·· 144

14 商品購買までのフローを仕組み化する（３）
それでもためらう見込み客への対処法 ·· 148

15 販売の仕組み化が完成したら最初にすべきこと ·························· 150

16 仕組み化は「３割当たれば上出来」と考えて大量行動する ··············· 152

17 「売れる仕組み」は常に改善・刷新すべし（１）
改善の判断基準はどこに置くか？ ·· 156

18 「売れる仕組み」は常に改善・刷新すべし（2）
　　集客導線は常に最適化していく ・・・・・・・・・・・・・・・・・・・・・・・・・・・・・・・・・・・・・ 158

19 「売れる仕組み」は常に改善・刷新すべし（3）
　　売上を加速させる仕組みづくりの秘訣 ・・・・・・・・・・・・・・・・・・・・・・・・・・・・・・・ 160

20 仕組み化で困ったら、いつでもリサーチに戻れ！・・・・・・・・・・・・・・・・・・・・・・ 162

Step③　Q＆A ・・ 164

〈付録〉WEBプロモーション実例解説セミナーをプレゼントします。 ・・・・・・・・ 166

監修者よりメッセージ ・・・ 168

おわりに ・・ 170

このように、ずーっとWEBで売れる仕組みは「リサーチ」「商品づくり」「仕組み構築」の3ステップで完成します。泥臭いように思われたかもしれませんが、「急がば回れ」とはよく言ったもので、結局この3ステップが無駄なく最短で売れる仕組みを完成させる手順なのです。
それでは、全体像が頭に入ったところで本文に入っていきましょう！

見込み客と出会い、 徹底的にリサーチする

　「せっかく商品をつくったけれども、いったい誰に売ればいいんだろう？」

……こんなことにならないために重要なプロセス、それが「リサーチ」です。あなたが売りたい商品の顧客は誰なのか？　どうすればセールスに結びつくのか？　まずはそのヒントを探ることこそが、クリアすべき最初の一歩です。

Step ① 01 最も地味ながら最も重要なプロセス それが「リサーチ」

「商品はセールスすれば売れるんでしょ?」なんて、そんな甘い世界ではありません。商品が売れるには見込み客の心を掴む必要があります。その心理を探るためのプロセスが「リサーチ」です。でも、どのくらい重要なのでしょう?

■ あなたの見込み客はいったい誰?

突然ですが、『80対20の法則』をご存知でしょうか?

「成果の8割を生み出すのは、全体を構成する要素のうち、たった2割である」という法則です。この法則はこの世のあらゆる事象に当てはまると言われています。

この『80対20の法則』をWEBの仕組みづくりに当てはめた時、「成果の8割を決める2割」、つまり「ここさえ押さえればきちんと成果を生み出すことができる"仕組みづくりのツボ"」は、いったい何だと思いますか?

私なら、迷うことなくこう答えます。「見込み客のリサーチです」と。

リサーチとは「調査」のことです。具体的に見込み客の何を調査するのかというと、「頭の中身」であり「思考」「欲求」「悩みや不安」「(見込み客にとっての)常識」「思い込み」等々……挙げれば枚挙に暇がありません。

では、なぜ見込み客のリサーチが重要なのでしょうか? 理由は、見込み客を知らずしてWEB集客を成功させることは不可能だからです。具体的に説明していきましょう。

ツチノコに商品は売れない

　リサーチがおろそかなWEB集客とは、例えるならルールを知らない素人がプレイするスポーツのようなものです。もし、野球のルールブックを読んだことすらない人がマウンドに立ったとしたら、どうなりますか……？　ゲームに勝つことはおろか、まともにプレイすらできないであろうことは簡単に想像できますよね。

　ルールを把握している人間だけが正しくスポーツをプレイできるように、リサーチによって見込み客の思考を正しく捉えた者だけが、的をしっかり捉えたWEB集客をすることができるのです。

　リサーチがおろそかなWEB集客とは、言ってみれば「ツチノコにものを売る」ようなものです。ツチノコは想像上の動物です。実在しないものに何かを売ろうとしても、買ってもらえる可能性はゼロです。WEB集客で失敗する人の多くは、リサーチを怠って、ツチノコのような架空のターゲット、あるいはまったく見当違いの対象者にモノを売ろうとしているのです。

　売れる仕組みを作りたいのであれば、ツチノコではなく、実在する見込み客に対して商品をセールスする必要があります。ゆえに、まずは何を差し置いても、現実の見込み客に会って彼らのことを深く知る必要があるのです。

　WEB集客におけるリサーチの重要性は、言葉では言い尽くせません。「WEB集客はリサーチに始まりリサーチに終わる」と言っても、決して過言ではないでしょう。あなたの見込み客が誰であるかを明確にして、徹底的にリサーチを行い、見込み客が何を考え、何を望み、何に悩んでいるのかについて、「この世で一番」と胸を張れるレベルまで詳しくなってください。

　もしあなたがすでに長年見込み客に接していて「自分は十分相手を理解している」と思っていたとしても、今からこのStep①で解説するポイントを押さえてリサーチを進めてください。必ずや新しい発見があるはずです。

02 「リサーチ」の質を
大きく左右する「対話力」

商品を買ってくれるのは機械ではなく生身の「人」です。人を相手にビジネスをする以上、セールスにおいて顧客との対話は避けて通れません。さらには、商品の質に係るリサーチにも不可欠な要素なのです。

■ リサーチをするために不可欠な「対話力」

WEB集客と聞くと、あなたはどんな世界を想像しますか？

おそらくは、すべて自動で仕組みがつくれるようなイメージを抱いているかもしれませんね。でも、よく考えてみれば、すべて自動化して仕組みを構築するなんて、絵空事であることがわかると思います。

そんなことができれば、もっとたくさんの成功者が続出しているでしょう。

しかしながら、現実はそんなに甘くはありません。Amazonのように世界中で認知された販売システムであれば可能性はゼロではないでしょう。が、基本的に商品を販売する際には、物販、情報商材などによらず、その商品の周知から始める必要があります。

とすれば、そこに何が必要になるのか？

もうおわかりですよね？　人が人に対して商品を販売するという行為には、必ず「対話」が必要になります。そしてもちろん、その商品を価値あるものにしていくために必要なのが「リサーチ」なわけです。

つまり、リサーチをするためには、「対話力」が不可欠なのです。

「対話」こそがあなたが選ばれる
理由をつくり出す源泉である

　見込み客との対話は、とても地道なプロセスに思えるかもしれません。しかし、対話を重ねることで、セールスに極めて有利な副次効果が得られるということはあまり知られていません。

　『ザイオンス効果』（☞用語解説）という言葉を聞いたことはありますか？心理学の用語で、一言で言えば「人間は、接触回数が多い人間に好感を覚えやすい」というものです。対話は『ザイオンス効果』をもたらします。つまり、あなたが見込み客と対話すると、それだけで見込み客があなたから商品を買ってくれる可能性が高まるということです。

　たとえ今のあなたに特段のUSP（強み）、あるいは並外れた実績がなくとも、ちょっとした対話をするだけで見込み客は「あなたから買う理由」が一つ増えるのです。

　このように、見込み客との対話は、セールスにもプラスの効果をもたらします。ぜひ、積極的にあなたの見込み客と向き合ってみてください。あなたが勇気をもって接触を重ねた数だけ、対話力はどんどん磨かれていきます。

スガにもひと言 言わせてください！
　WEBと言えば効率化や自動化のイメージが先行するかもしれませんが、デジタル化が進めば進むほどアナログ要素が映えます。WEBとリアルに壁を設けるのではなく、ボーダレスに捉えて仕組みを作りましょう。

用語解説

ザイオンス効果
1968年にアメリカの心理学者ロバート・ザイオンスが提唱した「単純接触効果」とも呼ばれる心理効果のこと。同じ人や物に接する回数が増えるほど、その対象について好意度や印象が高まっていく内面的な効果をさしてこう呼ばれる。

あなたのビジネスの見込み客は
いったい誰ですか？

あなたは商品をいったいどんな人に購入してほしいのか？　それを決めるためのプロセスとしてターゲット（見込み客）のセグメントが必要となります。見込み客の中に眠る「あるもの」を決めることからすべてが始まるのです。

あなたの見込み客を決める際に
最も注視すべきことは？

リサーチの一歩目として、まず、リサーチの対象とするターゲット、つまり見込み客を誰にするかを決める必要があります。

あなたのビジネスにおける見込み客は、いったい誰ですか？

どのように、何を基準にして見込み客を決めればよいのでしょう？　年齢？それとも性別？　あるいは職業？　はたまた趣味でしょうか……？

これらの情報も、確かに重要ではあります。しかし、何よりまず最優先すべき特徴を一つだけ挙げよと言われたなら……私なら、こう答えます。「見込み客を決める上で最も注視すべきポイントは『欲求』である」と。

つまるところ、見込み客は「買いたい！」という「欲求」があるからこそ、商品を購入するのです。「欲しい」という感情が湧かなければ、商品の購入には至りません。つまり「あなたの見込み客を決める」とは、すなわち「あなたがターゲットとする欲求を決める」こととイコールである、と言っても過言ではないでしょう。

さらに突き詰めて考えれば、「欲求」の正体とは、「キーワード」そのものでもあるのです。

例えば、「ダイエット」、「集客」、「投資」…これらのキーワードの中には「人間の欲求」が隠れています。「もっと痩せて美しくなりたい」、「もっと集客して売上を伸ばしたい」、「投資で資産を運用して利益を生み出したい」……こうした「欲求」こそが見込み客の正体です。つまり、まず明らかにすべきは、「<mark>ターゲットとする商品のキーワード</mark>」なのです。

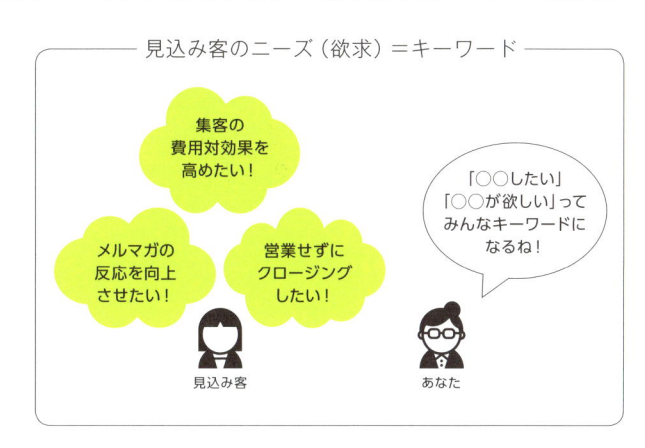

　ターゲットとするキーワードが定まってはじめて、見込み客のニーズ（欲求）が明らかとなり、どのような商品をつくるべきか、どのように集客すべきかといった、ビジネスを構築していく道筋が見えてきます。逆に、「自分が今、どのキーワードを狙っているのか」が不明確なままビジネスを構築すると、道筋が明確になりません。すると、集客がうまくできない、商品が売れないといった問題が発生します。

　もし、あなたがすでにビジネスをされていて、集客や売上にお悩みであれば、まず「自分が狙っているキーワードとは何だろう？」、「そのキーワードには本当に欲求が隠れているだろうか？」、「自分はキーワードの欲求に応えるコンテンツをきちんと見込み客に提供しているだろうか？」と、自らに問いかけてみてください。もしかすると、今の集客や売上が伸び悩んでいる原因は、キーワード選定にあるかもしれませんよ！

スガにもひと言 言わせてください！
　「さあ今日は誰を喜ばせようか！」これは僕が常々大切にしている行動指針です。欲求＝需要と考えてピックアップして、あなたが一番気持ちの入る分野（対象）で喜んでもらいましょう！すると深堀力が一層増します。

「売れるキーワード」に必ず みられる3つの特徴とは？

売れるキーワードの特徴には、大きく分けて3つの要素があります。これらのポイントをきちんと押さえておけば、あなたの商品と選んだキーワードとのミスマッチを防ぐことができます。

欲求を喚起するキーワードには 共通の特徴がある

　世の中にはありとあらゆる商品があり、当然ながらその商品に紐づいたキーワードも星の数ほど存在します。しかしながら、「売れるキーワード」には、ある共通した概念があることをご存知でしょうか。

　ここでは、見込み客の欲望を掻き立てる「売れるキーワード」に共通する3つの要素についてお話しします。これらをしっかりと理解して取り組めば、キーワードの選定に失敗することは、まずないでしょう。

【1. キーワードに隠れている悩みや望みが明確である 】
　売れるキーワードの特徴、その一つ目は、「悩みや望みが明確であること」です。なぜ、望みや悩みが明確だと、購買に結びつきやすいのでしょうか？

　それは、キーワードの背後にある悩みや望みが明確であればあるほど、それを解決する明確なオファー（商品）をつくりやすく、しかも、オファーの価値をきちんと伝えれば、たとえ高単価商品であってもスムーズに購入してもらえる可能性が高くなるからです。

　では、どうすればそのキーワードに隠された欲求が明確かどうかを見極めることができるのでしょう？　方法はいくつかありますが、最もわかりやすい特徴の見極め方として「複合キーワード」に目を向けてみます。

例えば、「集客」というキーワードの背後には「ビジネスをさらに加速させるために、もっと集客したい」というニーズが感じられます。

　もしこれが、「集客・農家」という複合キーワードだったらどうでしょう？　「集客」という単一キーワードと対比してみても、「集客・農家」のほうが「農家を営んでいて、もっと集客したい」という、より明確なニーズが感じ取れませんか？

　さらにこれが、「農家・集客・ネット」なら……。「農家を営んでいて、ネットで集客したい」という、いっそう明確な意思を感じ取れますよね。このように、複合キーワードの数が多ければ多いほど、その裏にある悩みや望みはより明確になります。裏を返せば、悩みや望みが具体的で明確な見込み客ほど、それを解決したいと思う気持ちもまた強いものなのです。

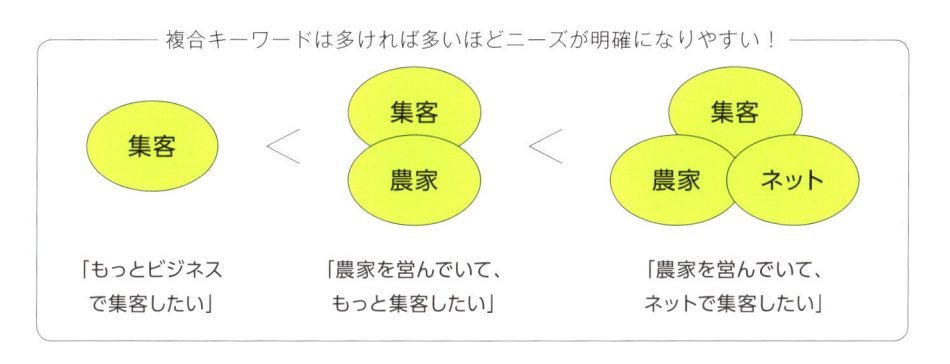

複合キーワードは多ければ多いほどニーズが明確になりやすい！

集客

「もっとビジネスで集客したい」

集客／農家

「農家を営んでいて、もっと集客したい」

集客／農家／ネット

「農家を営んでいて、ネットで集客したい」

　具体的で明確な欲求を抱えた見込み客をターゲットにするメリットは、他にもあります。このような層は、購買する商品を決定する際に「実績」や「権威」よりも、「売り手が自分（見込み客）の悩みや望み、ニーズを正確に把握しているかどうか」や、「提案される商品が、見込み客のニーズにフィットしているかどうか」を基準として判断する傾向があります。

　つまり、あなたの提案が適切で、顧客対応が誠実であれば、たとえあなた自身に特筆すべき実績や権威がなくとも、成約にいたる可能性があるのです。
　売れる市場を発見したければ、『複合キーワード』に着目してください。

【2．差し迫った緊急性があること】

　売れるキーワードの特徴の二つ目は、==「今スグ〇〇したい！」という緊急性に触れている==ことです。「今スグにでも痩せたい！」、「今スグにでも会社を辞めたい！」、「今スグにでも彼氏が欲しい！」……時間的に切迫している市場では、セールスが成立しやすい傾向にあります。

　例えば、ブライダル専門の歯のホワイトニングサービス。「人生で一度の晴れ舞台。白い歯で写真に残りたい！」と挙式前の女性に大人気ですよね。

　逆に、「そのうちでも問題ない」市場、「予防」の要素が強い市場は「今スグ行動を起こさないと！」という訴求が効きづらく、市場としてはあまり魅力的とは言えません。

　もしもあなたが、「予防」の色が強い市場をターゲットに設定しようと考えている場合は、「今スグ対応しなければこんなリスクがありますよ」という訴求を添えると効果的です。

　もちろん、ウソをついて緊急性を煽ってはいけません。あくまで「真実その通り」の緊急性を知らせてあげるということです。

　気をつけておきたいのは、==「売り手側」が緊急性があると思っていることと、「見込み客」が緊急性があると思っていることには幾ばくかのギャップがある==ということです。

　売り手側から見て緊急性がある問題や課題であっても、見込み客の側にはその意識が薄かったり、場合によってはなかったりすることもあるのです。その場合は、商品をセールスする前に丁寧に知識を提供し、緊急性や危機感の意識を共有しておく必要があります。

　売り手側と見込み客側との意識のギャップを残したまま緊急性を謳ったセールスをしてしまうと、見込み客との間に築いた信頼関係が崩れることもあるので、ここは慎重に進めてください。

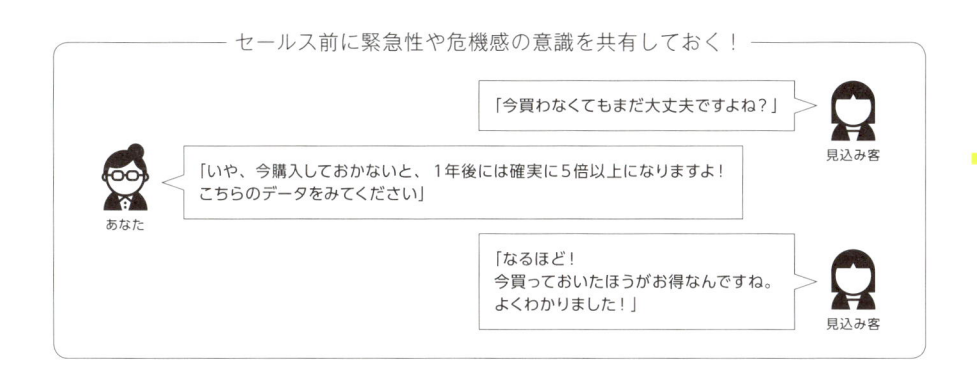

セールス前に緊急性や危機感の意識を共有しておく！

「今買わなくてもまだ大丈夫ですよね？」

見込み客

あなた

「いや、今購入しておかないと、1年後には確実に5倍以上になりますよ！
こちらのデータをみてください」

「なるほど！
今買っておいたほうがお得なんですね。
よくわかりました！」

見込み客

【3. 見込み客の人生におけるインパクトが甚大である】

そして、売れるキーワードの三つ目の特徴。それは、「キーワードそのものに隠れている問題を解決した時のインパクトが、見込み客のその後の人生に及ぼす影響がとてつもなく大きい」ということです。

人生に大きなインパクトをもたらす典型的なキーワードは、「お金・健康・人間関係」に関係するものです。例えば、「起業」「副業」「投資」「資産運用」などは、「お金」に関係するキーワードに当てはまります。

見込み客のライフスタイルに大きな影響を及ぼすであろう問題や欲求は、見込み客からみて価値が高く、商品単価が高くなる傾向にあります。その意味においては、少数の濃い見込み客を獲得するところから始める本書の手法と、非常に相性の良いキーワードと言えるでしょう。

反対に、見込み客の人生にもたらす影響が微々たる市場は単価が高くなりにくく、一般的にビジネスとして成立しにくいと考えてください。

スガにもひと言 言わせてください！

お客さんは商品そのものではなく、体験して得ることのできる未来のために購入をしますよね。たとえ僕自身がその未来を描くコンテンツがなかったとしても、自分の未来を変えた経験のある人を探して協業による仕組みづくりを始めます。

「売れるキーワード」を見つける効果絶大なリサーチ方法とは？

『売れるキーワードの特徴』をおさらいしたところで、次はそれらお宝キーワードの探し方についてレクチャーします。リサーチと聞くと一見小難しそうですが、実はあなたの周りにヒントがゴロゴロ転がっているのです。

見込み客の頭の中で「優先順位1位」のキーワードを選べ！

　ここまで、「売れるキーワードの特徴」についてお話ししましたが、これらを一言でまとめれば、ズバリ「見込み客の頭の中で優先順位1位のキーワードを選べ！」ということになります。

　人間は優先順位1位のことにしか、時間とお金を投資しようとは思いません。もし、見込み客の頭の中で優先順位2位以下のキーワードをあなたのビジネスのテーマにしてしまったとしたら……いずれ売上に悩むことでしょう。

　もちろん、セールススキルが上達すれば、優先順位2位以下の商品を売ることもできます。例えば、「生命保険」はその典型例の一つでしょう。しかし、「見込み客の頭の片隅にいつも存在している言葉」「夜も眠れない悩みや不安」「ノドから手が出るほどの望み」が隠れているキーワードを、あなたのビジネスのテーマに据えることをおすすめします。とりわけ、あなたがビジネス初心者であるならば、なおさらです。

キーワードを見つける5つのリサーチ方法

　では、その「売れるキーワード」は、いったいどのようにして見つければよいのでしょう？　ということで、ここではキーワードを見つけるためのリサーチ方法を5つ紹介していきます。一つひとつ検証してみてください。

【1．自分自身を振り返る 】

　まず試していただきたいこと。それは、<mark>過去のあなた自身の行動を振り返る</mark>ことです。具体的には、これまであなたが自分のお金を使って購入したものをピックアップする、ということです。

　なぜ、これがリサーチになるのか？　それは、<mark>あなたがお金を使って購入したものこそが、あなたが真に魅力を感じている</mark>ものだからです。

　あえて断言します。人の本音は、お金と時間の遣い方に現れます。あなたがこれまで購入してきたもののリストは、すなわちあなたの真の欲求のコレクションなのです。その欲求のコレクションの中にビジネスのタネを見つけることができれば、あなたは２つのアドバンテージを獲得できます。

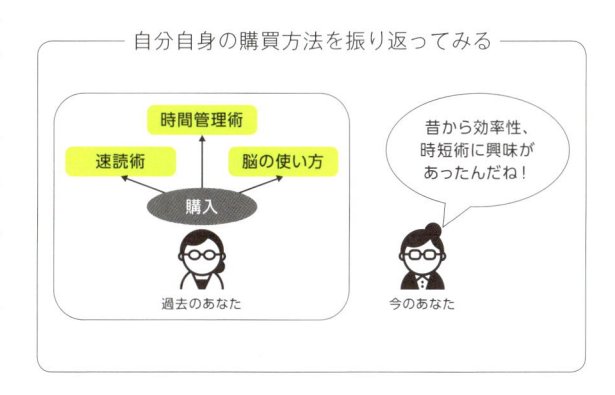

自分自身の購買方法を振り返ってみる

時間管理術
速読術　脳の使い方
購入
過去のあなた

昔から効率性、時短術に興味があったんだね！
今のあなた

　一つは、<mark>あなた自身がその欲求の持ち主であるがために、見込み客の気持ちをこれ以上ないほどに理解できている</mark>というアドバンテージ。
　もう一つは、<mark>あなた自身がその欲求の顧客であるがために、その欲求に応える商品を設計したり販売したりすることにライバルよりも意義ややりがいを感じやすく、競争優位を保ちやすい</mark>というアドバンテージです。

　あなたがビジネスを長期的に続けるためには、そのビジネスがあなた自身の深い根源とつながっているほうが好ましいと思いませんか？　あなたの深い部分とビジネスがつながると、それはライバルからは見えない、あなた固有の強みとなります。「あなたが人から頼まれずともやってしまうこと」×「過去お金と時間を費やしてきたこと」をビジネスにできれば、労せずしてライバルとの競争に勝つことができることでしょう。

【2. 半径5ｍ市場を探る 】

　もう一つ、鉄板のリサーチ方法をお伝えします。あなたの周囲にいる家族・知人・友人を観察してみてください。そうすると、明確にわかることがあるはずです。

　あなたの半径5ｍ以内に存在するこれらの人たちは、あなたに対して身構えもしませんし、良いところを見せようとかっこつけてもいないでしょう。

　いつも自然な姿を見せてくれているはずです。質問すれば、本心を正直に答えてくれる可能性が高いでしょう。あなたの周りにいる人たちは、リサーチの対象としては最もハードルが低く、はじめに調査する対象としてうってつけです。特に、ビジネス初心者の方ほど、まず実在の人間をリサーチして欲求や思考を観察する経験を積むことをおすすめします。

　ここで犯しがちな誤ちの一つは、「自分の見込み客ってどんな人だろう？」と頭で考え込んでしまうことです。端的に言えば、これはリサーチではなく「想像」や「妄想」の域を出ていない状態です。「妄想」に従って生み出された商品が売れることは稀です。私自身、「妄想」で商品を設計して失敗した経験が数多くあります。

　「人が何を欲しがるかなんて、考えればわかるのではないか」と思われるかもしれませんね。しかしながら、人間というのは全員が似たことを考えているように見えて、実際にはまったく違うことを考えているものです。

　リサーチに慣れない頃は、周囲の人間すべてを「宇宙人」と見るくらいのほうが、主観や思い込みが一切入らない、まっさらな状態でリサーチできてちょうどよいのです。

　主観の入り込まない純粋リサーチから得られる情報だけが、あなたに売上をもたらしてくれます。フラットな眼差しで、周囲の人間をつぶさに観察してみてください。

【3.過去のベスト顧客をリストアップする】

さて、次はすでにビジネスをされている方にうってつけのリサーチ法です。

これまであなたが接してきた顧客の中で「ベスト顧客」を一人選ぶとしたら、それは誰でしょうか。あなたのサービスに一番喜んでくれて、かつあなたがしっくりくる顧客は誰でしたか？　具体的に名前を挙げてみてください。<mark>その「ベスト顧客」の中に「売れるキーワード」が隠れていませんか？</mark>

例えば、以前とある行政書士の方のご相談に乗ったことがありました。この行政書士の方を仮にNさんとします。Nさんは今後のビジネスの方針に悩まれていました。詳しくお話を伺うと、当時Nさんには行政書士として収入の柱が２本あるとのことでした。一つが建設業界関連のお仕事で、もう一つが遺産相続のお仕事。「今後、どちらの分野をメインに伸ばしていくべきか迷っている」というご相談でした。

私は伺いました。「過去、Nさんがいちばんお役立てできて、かつNさんとしてもストレスなくお仕事ができて、しかもきちんと利益にもつながったお客さんを一人挙げるとしたら、その方のお名前は何ですか？」

質問に返ってきたお名前は、Nさんにとって、遺産相続に関連するお仕事の初クライアントだったご年配の方（Aさんとします）でした。

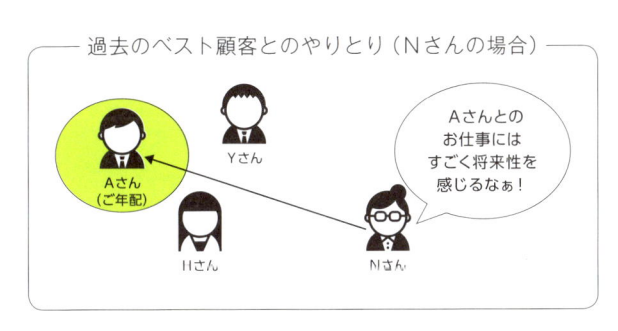

過去のベスト顧客とのやりとり（Nさんの場合）

Aさんとのお仕事にはすごく将来性を感じるなぁ！

Aさん（ご年配）
Yさん
Iさん
Nさん

Aさんは「遺産相続について誰に相談すればよいのかわからない」という悩みをお持ちのところ、地域紙の小枠広告で「○○行政書士相談会」という、Nさんを含む数名の行政書士が集まって開催する相談会を知り、相談会でNさんと意気投合して契約に至った、とのことでした。その後もAさんは優良顧客として相性が良く、Nさんとは長期的に良好な関係が続いているそうです。

遺産相続という分野は取り扱う金額が大きいだけに行政書士への報酬も高く、しかも相続相談の窓口となるまでに信頼を得られれば、さまざまな分野の相談にも発展します。つまり、ビジネス的にも優良であるといえます。

このように、「ベスト顧客像」を浮かび上がらせることで、今後のビジネス展開を明確に考えることができるようになります。

【4. 広告を出しているライバルをリサーチする】

次に紹介するのは、今日からすぐに始めてもらえるリサーチ方法です。

ここで少し考えてみてほしいのですが、例えばあなたが誰かのブログを読んでいた時に、広告を目にすることがありますよね。さて、その広告を出している人は、なぜそこに広告を出しているのでしょうか……？

答えはいたってシンプルです。「広告を出すことで、利益が生まれているから」ですよね。つまり、広告がそこにあるということは、そこに「利益が生まれているマーケティングの実物」があり、「売れるキーワード（市場）を見つけるヒント」があることになります。

今日から、SNSやブログやメルマガなど、あらゆる媒体で広告を見かけたら、その広告を片っ端からすべてクリックして、その先にどんなページがあるのかを調べてみてください。そしてそのページが「誰に向けて」「どんな」メッセージを投げかけているのか、どのようなキーワード（市場）を狙って広告を出稿しているのかを分析してみてください。

一つお伝えしておきたいのは、なるべく長期的に目にする広告を重点的にリサーチしてほしい、ということです。長期的に表示されている広告こそが、本当に売れて利益が出ていて、リサーチに値する広告だからです。継続してウォッチしていれば、広告を見る目が徐々に養われてくるはずです。

広告をリサーチするという視点を持つと、日常の中での「学ぶ」が増えてく

るはずです。今まで何となく無視してきた広告が、実はビジネスアイデアの宝庫だとわかると、何だかワクワクしてきませんか？

目にした広告や、広告をクリックした先にあるページはEvernote等のメモアプリに保存していくとよいでしょう。スクリーンキャプチャやhtmlのまま保存していくことで、将来あなたが自分で広告やセールスレターを書く際の貴重な資料にもなります。

【5. ランキングをリサーチする 】
そして最後のリサーチ方法が「ランキングを見る」ということです。

例えば、書店に行くとビジネス書のベストセラーランキングがありますね。ビジネス書のランキングには書籍の名前が並んでおり、そして書籍の名前にはキーワードが入っています。つまりビジネス書のランキングには、ニーズのトレンドがそのまま現れているのです。

あなたが関心を持っている分野にも、何かしらランキングがあるのではないでしょうか。書籍に限らず、たとえばWEBのブログランキングや、ビジネス教材のランキングでもよいでしょう。

ランキングを定点観測していると、だんだんと世の中の流れが見えてきます。もし、これまで見たことのないキーワードが現れたなら、まさしくそれはチャンスです。そのキーワード市場をターゲットにすれば、まだライバルも少ない状態でビジネスを立ち上げることができるかもしれません。

スガにもひと言 言わせてください！
　1～5のリサーチ方法で間違いなく候補が挙がってきます。また、WEB集客の仕組みづくりを本書で得意分野にできれば、「○○（業種）＋集客」という常時需要がある分野でサービス展開も可能になります。

見込み客と出会う効果的な方法と興味を見出すテクニック

いよいよ、ここからは実際のリサーチに入っていきます。見込み客と対話を重ねていく過程で「こんなニーズがあったのか！」といった発見が沢山あるはずです。見込み客との対話を楽しみながら、ニーズを探っていきましょう。

どのようにしたら見込み客と出会えるのか？

次に、見込み客と対話する機会をつくる方法をいくつか挙げてみます。

・お茶会や勉強会を開く
・スカイプやZoomを使ったWEB通話に誘う
・ゲスト講師を招いてセミナーを開催し、懇親会でコンタクトをとる

以上のような方法で、顔見知りを誘ったり、SNSで参加を呼びかけたり、あるいは知人に紹介をお願いしたりすれば、あなたと付き合いが長い人や短い人、さまざまな属性の方が一定数集まってくれるはずです。

すでにご自分でビジネスをされている方、メルマガを発行していて読者がいらっしゃる方は、既存顧客や読者に呼びかけてもよいでしょう。

可能であれば、数千円で構わないので参加費を設けてみてください。それだけで、より本気度の高い人や強いニーズを抱えた人、つまりはあなたの顧客になる可能性がより高い層が集まる場にグレードアップします。

ここで一つ注意していただきたいのは、これらのイベントを無料で行う場合でも、有料にする場合でも、「見込み客があなたのイベントに足を運ぶべき理由」をきちんと用意して提案することです。

いくら無料のイベントであっても、単に「会いましょう！」「お話ししましょう！」と呼びかけるだけでは、反応は芳しくないでしょう。

　イベントには、あなたの見込み客が強い興味・関心を持つテーマを設けることが重要です。上記でリサーチしたキーワードを活かして、見込み客が無視できないイベントを企画してみましょう。

　例として、私が最近「上手だなあ」と思った事例を紹介します。具体名は伏せますが、とあるメルマガを発行されている方が、毎回のメルマガの末尾で「無料スカイプコンサルティング」を募集されていました。

　「スカイプで無料でコンサルティングをしますよ」という提案はよく見かけますが、その方が上手だったポイントは、==毎回のメルマガごとに、相談内容のテーマを具体的に指定していた==ことです。

　例えば、ある日のメルマガの末尾では「○○物販の組織化」というテーマでコンサルティングを募集し、また別の日には「外注スタッフを精度よく採用する方法」というテーマでコンサルティングを募集していたのです。こうすると、単に「スカイプで無料コンサルしますよ」と提案するよりもコンサルティングのベネフィットが明確になりますし、かつ、「この内容では相談できるのは今日だけ」という限定性・希少性も生まれますよね。つまり、見込み客からの反応が高まるということです。

　しかも、これは==一種の「人気投票」にもなっている==ことに着目してください。回ごとにテーマを変えることで、どのテーマのコンサルティングが人気でどのテーマが不人気なのかというニーズのリサーチにもなっているのです。

　一石二鳥で上手いと思いませんか。あなたもまずは気軽なテストのつもりで、何度かイベントを立ち上げて参加者の反応を観察してみてください。どのようなイベントに反応が多く、どのようなイベントには反応が少ないかを確かめることも、ひとつの重要なリサーチになります。

対話を重ね見込み客を深く知ることで新たなビジネスニーズが引き出せる

見込み客との対話は、信頼関係を育む貴重な機会にもなります。ここでは、対話の際に注意すべきポイントを説明していきます。適切に対応することで、セールスに不可欠ないくつものプロセスを一挙にクリアすることができます。

見込み客を深く知るための視点は多ければ多いほどいい

　対話によるリサーチは、メルマガなどとは違い、見込み客一人に対し、一度により多くのリサーチが可能になります。

　リサーチで押さえるべき代表的な要素は、以下の通りです。

★リサーチ項目の例

・見込み客が夜も眠れないほどの悩みとは何か？

・見込み客がノドから手が出るほど求めている"強い欲求"とは何か？

・見込み客の頭の中で繰り広げられている会話とは何か？

・見込み客は今まで問題を解決するためにどんな努力をしてきたか？

・見込み客がこれまで失敗したこと、挫折してきた経験は何か？

・見込み客が心に抱えている幻想、誤解、弱さとは何か？

・見込み客が強い関心や興味を持つ話題やテーマ、キーワードは何か？

・見込み客とあなたの共通点と相違点、共感を得られるポイントは？

・見込み客は普段どのようにして時間を過ごし、何を見たり、どこに行ったりしているのか？

　以上の項目以外にも、見込み客との対話では、ありとあらゆる情報にアンテナを張って観察してください。なぜなら、対話によるリサーチには、事前に予想すらできない収穫が常にあるからです。

例えば、売り手であるあなた自身が考えている「あなたの魅力」と、見込み客の心の中にある「あなたの魅力」が実は食い違っていたことが、対話によって明らかになるかもしれません。

　あなた自身は「この人（見込み客）はノウハウを知りたがっているに違いない、だからメルマガではたくさんノウハウを教えてあげよう」と思っていたとしましょう。しかし、実際に見込み客と対話してよくよく耳を傾けてみると、実は見込み客はノウハウ云々よりも、あなたの文章が好きだったり、音声コンテンツで聴くあなたの声が好きだったりすることもあるのです。

　あなたからすれば「何でこんなものに魅力を感じるのか？」と疑問に思うことさえあるかもしれません。

　いずれにせよ、見込み客があなたに求めていることがわかれば、その期待や要望に応えるコンテンツを提供していくことで、より一層ファン化が進む可能性が高いと言えます。

　あるいは、あなたと過ごす時間、対話できること自体に「お金を払う価値」を感じる人が一定層いるかもしれません。実際、私の周りにもそういうカリスマ性を持った起業家が存在します。もしかしたら、「ただ会って話すだけ」のことですら、有料のサービスとして提案できる可能性も出てきます。

　このように、事前には予想だにしなかった情報、想像と期待を超える収穫があるところに、対話によるリサーチの醍醐味があるのです。見込み客が発するあらゆる情報を観察し、メモに残してください。そのメモこそが、あなたのライバルをごぼう抜きにする武器となることでしょう。

スガにもひと言 言わせてください！
　対話を重ねることで「お客さん自身が気付いていないニーズ」を掘り起こせる場合もあります。売上アップのためにと思いながら、遠回りした取り組みをしている方も多いので、対話の中で導くことを意識するとニーズを引き出しやすくなります。

見込み客が発する言葉には
黄金がザクザク埋没している!

何気ない会話の中からキーワードの鍵を見出すこともしばしばあります。壁を取り払えば、本音が引き出せるかもしれません。では、どのような点に着目すれば、そのようなお宝キーワードを特定できるのでしょう?

ドーパミン・トリガーとは?

見込み客と対話することで生まれるメリットは、ほかにも数多くあります。

例えば、見込み客へのヒアリングを重ねていくと、あなたは会話の中で同じキーワードが繰り返し出てくることに気がつくかもしれません。実は、そのキーワードはあなたに黄金をもたらすタネだったりするかもしれないのです。というのも、会話の中で繰り返し登場するキーワードは、見込み客にとってホットなテーマである可能性が高いからです。

もしかすると、あなたがそのキーワードに関連する商品を見込み客に提案すれば、喜んでお金を払ってくれるかもしれません。このようなキーワードを、私は『ドーパミン・トリガー』と呼んでいます。

ドーパミンとは脳内麻薬の一種で、主に脳内の「期待感」を司る物質です。人が商品を「欲しい!」と思う時、脳内ではドーパミンが放出されていると言われています。「この商品を買ったら人生が変わるかもしれない!」という期待感で、見込み客はいてもたってもいられなくなるのです。

目の前の見込み客が繰り返し口にするキーワードは、見込み客の脳内にドーパミンをもたらして「欲しい!」と思わせるドーパミン・トリガーなのかもしれません。

ドーパミン・トリガーを特定する

　例えば、私は過去に英語教材のマーケティングに携わっていたことがあるのですが、その時にドーパミン・トリガーを用いて成功したケースがあります。英語の習得に悩む見込み客を集めてヒアリング会を開いた時のことです。

　見込み客が繰り返し「もしかしたら私はこのまま一生、英語を話せないのかな…」と口にしていたことが妙に脳裏から離れなかったんですね。そこで、その言葉をほぼそのままセールスレターのヘッドコピーに取り入れてみたところ……それまでほとんど売り上げゼロだった英語教材の売り上げが、なんと突然跳ねたのです。

ドーパミントリガーに着目する

何度も同じことを言ってるな。もしかしてドーパミントリガー？

このまま英語が話せなかったらどうしよう…？

あなた

見込み客

　この場合は、見込み客の心の中にある「この先ずっと英語が話せないかもしれない。だとしたら、どうしよう…」という不安や焦りが、まさしくドーパミン・トリガーであったわけです。

　ただし、必ずしもこのようなネガティブキーワードがいつも引き金となるわけではありません。時には「好き」「興味がある」といった好奇心、あるいは「欲しい」という欲望、さらには「そうそう。それもっと知りたい！」というような共感を引き出すドーパミン・トリガーも存在します。

　ケースによっては、複合的にドーパミン・トリガーを取り入れると効果が高まることもあるでしょう。

　見込み客の言葉には、宝の鍵が隠れています。その一言一言を聞き逃さぬよう、対話に集中してください。

初めての見込み客との対面で
あなたが最優先にすべきことは？

見込み客とどのように信頼関係を構築していくか。初対面からいきなり商品
セールスをかけてよいものなのか？　ここでは、見込み客と初めて接する際
にすべきセオリーについて、お話しします。

商品を見せる前に
まずはあなた自身を魅せる

　さて、今度はオフラインのお話です。初めての見込み客との対面。きっと、早く自分の商品を紹介したくて、うずうずしているかもしれません。しかし、ちょっと待ってください。ここで、絶対してはいけないことがあります。

　「せっかく会える機会なのだから」と、いきなり商品を売り込むことは絶対にしてはなりません。売り込むべきタイミングは、もう少し先のことです。

　今は商品を売り込むより先に、やるべきことがあります。それは、「あなた自身」に興味を持ってもらうことです。

　なぜ、まずあなた自身に興味を持ってもらう必要があるのか？

　それは、人は「ああ、この人は自分の味方だ」「この人は自分の仲間だ」と思える人からこそ、商品を買おうと思うからです。私たちが商品を購入する理由は、商品に対して何らかの期待や安心感を抱くからですよね。商品の販売者に対しても、これと同じことが言えるのです。

　いきなり商品やベネフィットを説明しても、売れることはありません。商品をセールスしたければまず、あなたと見込み客との間に『ラポール』、つまり信頼関係を築く必要があるのです。

見込み客の「受難のストーリー」に とことん耳を傾ける

では、見込み客との間にどのようにラポールを築けばよいのでしょうか？さまざまな方法がありますが、最も実践しやすいのは「傾聴」でしょう。

人は自分の話を真摯に聞いてくれる人に信頼を抱くものです。リサーチだから耳を傾ける、ということ以上に、時間を割いて対話の場に来てくれたことに感謝しながら、見込み客の話にひたすら耳を傾けてみてください。

特に、見込み客から聞き出すべきことは『受難のストーリー』です。受難のストーリーとは、「見込み客の悩みや不安、恐れがいかに長期にわたって見込み客を苦しめているか」という物語です。

もともと対話の場に沿った質問ですから、あなたが（私と同じように！）会話や雑談が苦手であっても、比較的誘導しやすいテーマでしょう。

見込み客の『受難のストーリー』は、マーケティングやセールス、コピーライティングに具体性とリアリティをもたらす価値の高い情報です。一人の見込み客から教えてもらった『受難のストーリー』は、他の見込み客にも語ることで、「どうしてあなたは私の悩みや不安を知っているのですか？」と大いに共感を呼ぶはずです。

ぜひ、余すことなくメモに残してください。

自己開示を行ってラポールを築きながら 「あなた独自の価値」を探る

見込み客の話に耳を傾けながら、あなた自身も自己開示を行ってください。

なぜあなたが見込み客に対して自己開示すべきなのか？　理由は二つです。

一つは、目の前の見込み客とラポールを築けるから。

　もう一つは、「あなた独自の価値」を見つけることができるからです。

　一つ目の重要性については、先に述べたとおりです。ここでは二つ目の目的、「あなた独自の価値」について詳しく説明します。

　私自身の経験上、対話の場にわざわざ足を運んでくれる見込み客は、「主催者（あなた）と自分（見込み客）の間に共通点や共感するポイントがあったり、何かしらの要素に魅力を感じている」ケースがほとんどです。多くの人が情報発信をしている現在、世の中には同様のテーマのイベントが数多くあるにもかかわらず、わざわざあなたのイベントを選んでくれたことには、それなりの理由があるはずです。

　対話の中で自己開示を行い、目の前の見込み客との信頼関係を構築しつつ、同時に、「なぜ、この見込み客は自分のところに来てくれたのだろう？」という問いへの答えを探ってみてください。

　見込み客はあなたのどこに共感して、あるいは魅力を感じて、あなたの目の前に現れてくれたのだろうか？　あなた自身のストーリーを語りながら、見込み客に響くポイントをとことん探ってみるのです。

　例えば、私自身の経験をお話しすると、とあるセミナーに参加してくださった方に「今はどんなお仕事をされているのですか？」と伺ったところ、会社員をされているとのことでした。私自身も起業するまでは会社に勤めていたので「私も会社員だったんですよ」と返すと、その方から「ええ、存じています。伊藤さんのブログのプロフィールに載っている『会社員から起業したストーリー』に強く共感したから、今日のセミナーに参加することに決めたのです」とのお返事をいただきました。

　これは、まず私から参加者に興味を持って共通点を探っていくうちに、逆に参加者の方が私に共感するポイントが明らかになった事例です。このよう

に見込み客との対話を繰り返していくと、やがて見込み客の方が共感してくださるポイントはいつも似通っていることに気がつきます。見込み客は、私の「家庭を持つ会社員の身から、ビジネスを学んで“独立起業したストーリー」に強く共感してくれていることが明らかになったのです。この「見込み客に響くポイント」こそが、「見込み客からあなたが選ばれる理由」であり、「あなた独自の価値」である可能性が高いのです。とても大切な情報ですので、見込み客と対話しながら脳ミソをフル回転させて探ってみてください。

　ビジネスをされている方の多くは、「自分の価値とは何か？」「自分とライバルとの違いは何か？」「ライバルと差別化するにはどうすればいい？」という問いに悩んでいます。もしかしたらあなたも、同じ悩みを抱えているかもしれませんよね。

　世の中には「あなた独自の価値を見つけてあげましょう」と謳う講座やセミナーも数多くあります。しかし、私見を述べるなら、あなた独自の価値は常に「リサーチ」から生まれます。

　あなた独自の価値は、今あなたの目の前にいる見込み客が知っているはずです。あなたがやるべき仕事は、目の前の見込み客との対話を通して、隠れた財宝を見つけ出すことです。

　繰り返しになりますが、「あなた独自の価値」は、いつも泥臭いリサーチから生まれるのです。決して、見込み客と対話してリサーチを重ねる前に、差別化について頭で考え込まないでください。概念をこねくり回したり、言い回しをうまいこと工夫して「あなた独自の価値」らしきものをひねり出せたとしても、それが的を得たものになっている可能性は低いでしょう。

スガにもひと言 言わせてください！
　対面を充実させるためにも事前にアンケートを取りましょう。僕はお客さんのSNSの投稿をよく見て、最初の話題に取り上げます。会話が弾むほうが楽しいし、表層上の会話から深い対話へと流れが変わっていきます。

専門家としての権威は「たった1分」でつくれる

「対話は10本のメールよりインパクトがある」。そのくらい、直接対面して話すということは、効果のあることです。場合によっては、ものの1分であなたを見込み客に印象づけることだってできるのです。

見込み客の「本当に解決すべき問題」を特定してあげる

さて、この対話の機会では、適切な振る舞いを行うことで、専門家としての権威を打ち立てることもできます。たとえ現在あなたに大きな実績がなくとも、このやり方に従えばたった1分で権威をつくることができるでしょう。

その方法とは、「その場で見込み客の抱えている本当の問題を特定してあげること」です。

見込み客は、悩みや不安を解消するヒントを求めてあなたの前に姿を現してくれたわけですが、実は、見込み客自身は自分の悩みや不安の正体を正確には把握できていないことがほとんどです。

見込み客自身が「解決したいと思っているポイント」と、プロであるあなたの目から見て「本当に解決すべきポイント」には、往々にして開きがあるものです。あなたが対話によって見込み客の常識をひっくり返し、「解決すべき本当の問題」を目の前に提示できれば、それだけで見込み客から専門家としての尊敬を得ることができます。

人はなぜ「お医者さん」にお金を払うのでしょうか？　それは、医師が患者の問題点を理解し、指摘して解決してくれる存在だからです。

見込み客は、自分を「理解」してくれる存在に大きな価値を感じます。この手法によって「ローカルな権威」をたった 1 分で打ち立てることができます。ぜひ、機会があれ

ば試してみてください。その効果に驚くはずです。

Step ①

「インスタントな回答」は与えるべきではない

　対面での会話例として、「ノウハウはどこまで公開すべきでしょうか？」という質問をよく受けることがあります。

　基本的に、ノウハウはいくら公開しても構いません。なぜなら、見込み客にその場でいくらノウハウを渡したとしても、すべて渡し切ることは到底できないからです。質問があれば、心おきなく率直に答えてあげてください。

　ただし、一点だけ注意すべきことがあります。それは、見込み客を「問題がすでに解決した気分」にしてはいけない、ということです。

　もちろん、その場の対話だけで見込み客の問題が解決したなら、それは素晴らしいことです。しかし多くの場合、見込み客の抱える深い問題が、短時間の対話によってすべて解消するとは考えにくいでしょう。

　見込み客は、「それらしい答え」を手にすると、満足して問題解決の追求をやめてしまいます。それでは、問題が本当に解決することにはならず、かえって長期間にわたり苦しむことになります。

　見込み客に真摯に向き合うならば、その場しのぎ的な答えは渡さないようにしましょう。

なかなか本音が見出せなければ
他の見込み客も利用する

見込み客との対話は、何も1対1ばかりとは限りません。時には、あなた自身がそこに加わらないという方法も有効に働きます。見込み客の本心を引き出すのにどんな方法があるか、探ってみましょう。

見込み客はあなたに対し
カッコつけている

　見込み客との対話を進めていくにあたり、もしかしたら単独のターゲットのみと対話しているケースが多いかもしれません。が、可能であれば、似たような悩みを抱える複数の見込み客と同時に対話するのが望ましいです。

　より正確に言うなら、あなたと見込み客のみではなく、見込み客同士を率先して対話させ、あなたは傍でその会話に耳を傾けるようにしましょう。

　なぜ、このようなことをする必要があるのだと思いますか？

　それは、あなたと話している時の見込み客は、本来の姿ではないことも多いからです。簡単に言えば、あなたと話している時の見込み客は「カッコつけている」ことがあるということです。

　これは、何も見込み客がウソをついているということではありません。人は誰しも「他人から尊敬されたい」という欲求を持っています。それが専門家であるあなたであれば、さらにそうではないでしょうか。

　自然体ではない状態の見込み客からは、精度よくリサーチをすることが難しい場合があります。特に、「将来の展望」「目標」といった「未来の時間軸」の情報をヒアリングする際には、誰しもが無意識に持っている「自分をよく見

せたい」という欲求が回答に影響することが多々あります。見込み客の声のトーンが高揚していたり、視線が常に遠くを見ていたりなど「おかしいな」と感じたら、注意したほうがよいでしょう。

別の見込み客に代わりに 質問してもらう

このような、見込み客が自分をよく見せようと気分が高揚している状態を回避する手段として、有効な方法をお教えします。それは、あなたが質問するのではなく、見込み客同士で対話してもらうことです。こうすることで、あなたが見込み客に直接質問するよりも、見込み客が感じる心理的なハードルはぐんと下がるでしょう。

さらに、見込み客同士の間で「共鳴」する瞬間を見逃さないでください。共鳴する瞬間とは、見込み客Aが自分の悩みや不安を吐露して、周囲の見込み客Bや見込み客Cが深く共感する瞬間であり、もっとわかりやすく言えば「それ、わかる!」と盛り上がる瞬間です。この盛り上がりこそ見込み客の本心が浮き彫りになった証であり、セールスにおける重要なヒントが得られた瞬間なのです。

見込み客の間での「共鳴」にアンテナを張ることで、見込み客の本心を引き出すリサーチの技術が向上します。

スガにもひと言 言わせてください!

　カッコつけている理由の中には「舐められたくない」という思いで壁を作っているケースも多いです。そんな時、僕の場合は相手の魅力を対話の中で徹底的に探します。相手の素晴らしい部分を言ったり、敵わないと思う部分を素直に伝えて、十分に認めることから入ります。先に僕の駄目な部分（例えば私生活の事など）を伝えて、特に人生の先輩方に対しては、教わる部分を必ず一つ作るようにしています。
　自分の専門分野以外は大きく引くことで、指導ではなく対話が生まれます。また、対話の窓口を僕以外にも一つ用意し、話しやすいほうを選択してもらうということもしています。

12 理想と現実の狭間にこそ 真実のキーワードがある

見込み客の欲していること、つまり「本心」は、必ずしも言葉として表面化するとは限りません。理想の裏には現実があります。その現実にも目を向けることで、見込み客の本当のニーズが浮き彫りになるのです。

見込み客がこれまで何に対して 時間とお金を費やしてきたかを知る

あなたのビジネスの参考にすべき見込み客の「本心」は、見込み客がこれまで実際に行ってきた「行動」と「実績」にこそ明確に現れます。見込み客がこれまでの人生で何に対して自分の時間やお金を費やしてきたのか、しっかりと意識して話に耳を傾けてみることも必要です。

例えば、「もっと痩せたい」という女性をイメージしてみましょう。

彼女に「ダイエットをしたいですか?」と尋ねたら、ほぼ間違いなく「YES」と返事が返ってくるでしょう。次に、「ダイエットをするためには、運動が重要だと思いますか?」と尋ねてみてください。やはり女性は「YES」と答えるでしょう。

ではさらに、「あなたは先週、運動を何時間しましたか?」と質問してみたとしたら……答えは何と返ってくるでしょう?

女性は運動したかもしれませんし、しなかったかもしれません。もしかしたら「飲むだけで痩せるサプリ」を購入した可能性もありますよね。

つまり、人が「これは大切で価値があるものだ」と認識しているものと、現実で選び取るものには若干のズレがあるのです。

繰り返しますが、これは見込み客がウソをついているということではありません。人間とは元来そういう性質を持った生き物なのです。ですから、見込み客の言葉を鵜呑みにすることなく、冷静に観察する必要があるのです。

　次のStep②であなたが実際に商品を設計していく際に、この「見込み客が過去に何に時間とお金を費やしてきたかを知る」という視点は、必ずやあなたを助けてくれるはずです。

　見込み客に本当に売れる商品をつくるためには、「何が欲しいですか?」と尋ねるよりも先に、「これまでどんな商品に、時間とお金を費やしてきましたか?」と訊いてみましょう。もしかしたら、そこにより精度の高いお宝キーワードが眠っている可能性があります。

　なお、この視点は、実は自分自身を振り返る時にも有効です。私自身、年始に「今年は○○を頑張るぞ!」と目標を立てたにもかかわらず、最近1ヵ月の時間の使い方を振り返ってみると、○○に関連する作業にまったく時間を使っていなかった……という経験があります。思考、言動、行動を一貫させることは、存外に難しいのです。あなたはいかがでしょうか?

スガにもひと言 言わせてください!

　僕も年始や誕生日に目標を掲げるのですが、自分のためだと思うとどこまででもサボってしまいます。例えば、親に「あなたのためなんだから勉強しなさい」と言われても、ピンとこないし自分事ならサボっちゃう経験ってありませんでしたか?　でも、家族が病気で倒れたら自発的に病院を調べたり、飲み物を買いに行きますよね。
　僕は娘の誕生日が近づいたら徹夜でサプライズ企画に燃えます。つまり、第三者の存在ありきで人は意外と自発的に動けるんじゃないかと思うようになりました。思考・言動・行動の一致は人を巻き込むとうまくいきやすいです。

「表のニーズ」だけ見ていては見込み客の心はつかめない

人間は、なかなか他人に本心を明かそうとしません。その上、うわべでは「それ欲しい！」「ぜひやって見たい！」と声を上げても、実際にはまったく着手しなかったりします。そんな不思議な人間心理のカラクリをお話しします。

「表のニーズ」といっしょに「裏のウォンツ」にも目を向ける

　人間、思考と言動と行動は必ずしも一致しない…という話をさらに深めていくと、「表のニーズ」と「裏のウォンツ」という視点にたどり着きます。具体的にはどのような視点だと思いますか？

　わかりやすい事例をお話ししましょう。

　まだ昭和の時代、英語サロンが奥様方に大流行した時期に、とある英語サロンオーナーがメンバーに次のようなアンケートを取りました。「サロンをより良くするために、あなたの意見を聞かせてください」。

　アンケートの回答に「英語が話せるようになりたい」「海外で話せるレベルになりたい」という声が多いことを受けたオーナーは、海外からネイティブスピーカーを招き、英語学習のカリキュラムを徹底的に整備して、「短期集中で英語が必ず話せるようになるプログラム」を構築して、サロンを「スパルタ英語学習塾」としてリニューアルオープンしました。

　その結果……なんと、奥様方は全員退会してしまい、サロンは閉店の憂き目にあったのだそうです。なぜ、アンケートのニーズに沿ってサービスを「改善」したにもかかわらず、サロンに閑古鳥が鳴いてしまったのでしょうか？

私の推論では、原因はオーナーが自身のサロンの魅力を本当の意味で理解していなかったところにあるのではないかと考えます。

　確かに、メンバーの方は「もっと英語を話せるようになりたい」というニーズを抱えてサロンに通っていたのでしょう。しかし、その裏にはもう一つの「ウォンツ（欲求）」が隠れていたと推察されます。それが、<mark>「サロンでの優雅な時間を、友人と歓談しながら楽しみたい」というウォンツ</mark>です。

　アンケートに表れた「もっと英語を話せるようになりたい」という欲求を「表のニーズ」とするなら、「サロンでの優雅な時間を、友人と歓談しながら楽しみたい」は「裏のウォンツ」です。

　リニューアル後の「スパルタ英語学習塾」には、この「裏のウォンツ」がありません。リニューアルによって「裏のウォンツ」が失われてしまったことで、サロンには閑古鳥が鳴いてしまったのでしょう。

　サロンオーナーは、アンケートで見える化された「表のニーズ」ばかりに気を取られて「スパルタ英語学習塾」にリニューアルしたことで、<mark>本当の意味でメンバーをサロンに惹きつけていた「裏のウォンツ」を自ら捨て去ってしまった</mark>わけです。

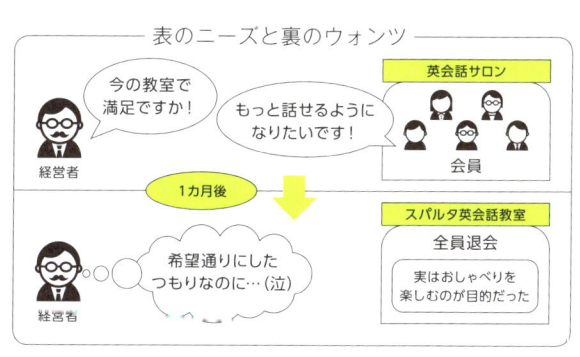

表のニーズと裏のウォンツ

今の教室で満足ですか！

もっと話せるようになりたいです！

英会話サロン
会員

経営者

1カ月後

希望通りにしたつもりなのに…（泣）

経営者

スパルタ英会話教室
全員退会
実はおしゃべりを楽しむのが目的だった

　あなたの見込み客にとって、「表のニーズ」と「裏のウォンツ」はいったい何だと思いますか。それをきちんと特定しておかないと、もしかしたらサロンオーナーの二の舞いになってしまうかもしれません。

　把握しやすい「表のニーズ」ばかりではなく、「裏のウォンツ」にも気を配りながら、あなたの見込み客に向き合ってみてください。

見込み客とともにストーリーを紡いで「記憶と印象に残る人」になる

真の信頼関係とは、仲良くしていれば構築できるというものではありません。一緒に考え、苦しみを共有し、解決していくことで、切っても切れない関係が生まれます。見込み客の人生に影響力のある存在になりましょう。

見込み客と本気で向き合い 人生のストーリーに名を刻む

対話の場では、ぜひ勇気をもって見込み客の内面に踏み込んでください。

あなたとの会話によって見込み客の人生が1mmでも動いたなら、あなたは見込み客にとって「記憶と印象に残る人」になることができます。言い換えれば、あなたが対話を通して見込み客の内面へと入り込み影響を及ぼすことで、見込み客の人生のストーリーに参加する登場人物の一人になるのです。

人は、自分の人生に影響を与えた人間を忘れることができません。見込み客に一定以上の深い影響とインパクトを与えてストーリーを紡ぐことで、あなたが見込み客から選ばれる理由が一つまたひとつと積み重なり、やがてあなたの存在を外すことができなくなるのです。

もちろん、見込み客の内面に踏み込むことにはリスクが伴います。失礼のないよう最大限の敬意と注意を払ったとしても、触れてはいけない部分に触れてしまうこともあるかもしれません。

しかし、それでもなお踏み込んでください。なぜなら、そもそもの話、当たり障りのない会話に終止する程度であれば、わざわざ対話をする意味と価値がないからです。

紡いだストーリーの深さが
お互いを強く結びつける

例えば、学生時代の友人との記憶を思い返してみてください。

今でもあなたの記憶に残っているのは、「辛いこともあったけれど、本気で向き合った人」ではありませんか？ 逆に、「楽しかったけれど、それだけ」だった人は、さほど記憶に残っていないのではないでしょうか。

恋愛も、そうですよね。単なる「いい人」で終わってしまった人よりも、喧嘩やちょっとしたボタンのかけ違いもあったけれど、そういうことを乗り越えて育んだ関係は、ずっと記憶に残るものです。しかも、時間が経つにつれて、いやな思い出は薄れ、心地よい記憶だけが残っていきます。

そう、人間関係の強さとは、過ごした時間ではなく、ともに紡いだストーリーの深さで決まるのです。

勇気をもって見込み客の内面に踏み込み、ともにストーリーを紡ぐことで、結果的にあなたは見込み客と極めて短時間で深い信頼を築くことができます。

見込み客との接点において、「今、自分は目の前の人間（見込み客）にどんな影響を与え、貢献し、どのようなストーリーを創ろうとしているのか」という視点を常に持って、取り組んでみてください。

スガにもひと言 言わせてください！
　僕たちは基本1通りの人生しか歩むことができません。でも、お客さんの人生のターニングポイントに携わることで、一緒に歩ませてもらっているような感覚はビジネスの隠れた醍醐味ではないかと思っています。

Q リサーチ等で見込み客にアドバイスをすることで「無料で何でも教えてもらえる」と思われないか心配です。アドバイスの「無料」と「有料」の線引きについて教えてください。

A 見込み客と会う前に、①普段は有料でクライアントにアドバイスをしていること　②お金を払っていただいている既存クライアントのためにも、永遠に無償でアドバイスはできないこと　③今回だけは特別に無償で質問に答えてアドバイスをすること　をあらかじめアナウンスしておくとよいかもしれません。

　ただし、Step ①-10で解説したように「お手軽な答え」を安易に見込み客に渡すことは避けるべきです。こうした場では「お手軽な答え」ではなく「考えるための視点」を提供するのが効果的でしょう。

　例えば「どうすればもっとメルマガの読者が集まるでしょうか?」という質問を受けたならば、「そもそも、メルマガ発行の目的は何か」「どのような読者に集まってほしいのか」といった問いを投げかけてみてください。そうすることで、見込み客に対しきちんと価値を提供できますし、あなたの有料サービスの価値も色褪せることはないでしょう。

　また、対話ではあなたと見込み客の共通項を積極的に探してみましょう。見込み客がなぜ現在のビジネスをしているのか、相手の背景にあるこだわりや思想、ルーツに興味関心をもって耳を傾けてみてください。見込み客のストーリーに深い関心をもって敬意を示すことで、短時間でも見込み客への理解が深まり、信頼関係を築くことができます。

差し出すだけで「それ、欲しい！」と言ってもらえる商品を設計する

　Step ① を終えたあなたは、見込み客と出会い、対話を重ねてより深く知り、さらに信頼関係をも構築することができました。

　ここからはリサーチの結果を踏まえ、バックエンド商品（利益商品）の設計に入っていきましょう。

01 仕組みづくりで致命的な失敗を回避する必須プロセス

バックエンド商品は、あなたのビジネスにおいて大切な収入源。失敗すれば、一からやり直しです。そうならないために押さえておくべきプロセスについて、商品設計に入る前にしっかりと認識しておきましょう。

リサーチの次にすべきことは「バックエンド商品の設計」と「テストセールス」

　リサーチが完了したら、次のステップではビジネス全体の利益の大半を占めるバックエンド商品の設計とテストセールスを行います。

　テストセールスのタイミングは、早いに越したことはありません。なぜなら、早めにテストセールスを行うことで、売れる仕組みづくりにおける致命的な失敗を避けることができるからです。ここでいう致命的な失敗とは、「多くの時間をかけて集客の仕組みをつくり込んだ結果、集客はできたものの、肝心のバックエンド商品が一向に売れないこと」です。

　バックエンド商品の魅力が弱いと、せっかく頑張って集客しても意味がありません。例えるなら、目の粗いザルに一生懸命に水を注ぐようなものです。そのような致命的な失敗に陥らないよう、仕組みづくりの序盤にバックエンド商品を設計してテストセールスを実施し、売れるバックエンド商品をあらかじめ完成させておきましょう、ということです。

　「テストセールスでバックエンド商品が売れるか不安です」という声も、私のもとによく寄せられます。仮にテストセールスでバックエンド商品が売れなかったとしても、その結果を逆にポジティブに受け止めてください。

　「フゥ、細かい仕組みづくりに時間を注ぐ前に、肝心のバックエンド商品が

今のままでは売れないことに気がついて本当によかった。早速バックエンド商品をもっと売れるように改良しよう！」、そう捉えてほしいのです。

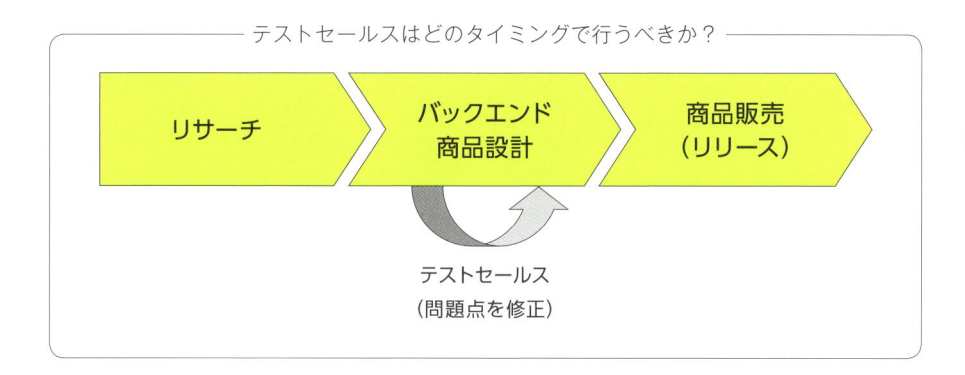

テストセールスはどのタイミングで行うべきか？

リサーチ → バックエンド商品設計 → 商品販売（リリース）

テストセールス
（問題点を修正）

　次の項からは、Step①のリサーチで得た情報をもとに、売れるバックエンド商品を設計する方法を解説していきます。設計したバックエンド商品をテストセールスする方法については、Step②-16〜17で詳しく解説していますので、そちらをチェックしてください。

　なお、メソッドやポイントについて、Step①でお話ししたことがしばしば登場しますが、それだけ仕組みづくりには欠かせないファクトなのだと意識して読み進めてください。

　では、始めましょう！

スガにもひと言 言わせてください！

　商品やサービスがない状態のまま、リサーチした結果に基づいて先にセールスから始めるというケースもよくあります。すぐに提供できるものではないため、実施日や販売日は数ヵ月先になることや、キャンセルとなる可能性があることも伝えます。その上で優待価格（もしくは付加価値としての特典付き）という形で予約申し込みを受け付けましょう。実際に、あなたが決めた規定の人数に達したらコンテンツ制作に着手し、予想を下回る人数だった場合はお詫びと共にキャンセルの連絡をし、代金を全額返金します。また、今後のことも考慮して既存コンテンツで提供できるものをプレゼントしてもよいでしょう。

02 バックエンド商品設計（1）
リサーチ結果から「商品の輪郭」をつかむ

まず、Step ①のリサーチで得た素材（キーワード）を、あなたのバックエンド商品の設計に役立つ形で整理・抽出していきます。以下、あなたが見込み客と対話した記憶やメモを振り返りながら読み進めてみてください。

売れるキーワードに狙いを定める

　さて、まずはじめに、商品の設計にあたりStep ①でリサーチしたキーワードに目を向けてみましょう。

　あなたの見込み客が最も魅力を感じるキーワード、現在最も関心が高いテーマ、ひんぱんに口にする単語はどんなものか、思い出してみてください。なぜなら、そのキーワードこそがあなたが販売する商品の中心テーマになる可能性が最も高いからです。

　その際、必ず注意してほしいことがあるのですが、覚えていますか？　そう、見込み客の中で「優先順位 1 位」のキーワードを選んでほしいということでしたね（☞Step ①-5）。

　「関心はあるけれど、今いちばんやるべきことはこれではないな……」、見込み客にこう思わせてしまうキーワードを選んでしまうと、商品を手にとってもらえる確率は格段に下がってしまいます。　手堅く商品設計を行いたいのであれば、この《見込み客の中で「優先順位 1 位」のキーワード》をベースに構築していく。これこそが、WEB 集客術の王道です。

　特に、あなたがビジネス初心者であるならば、王道を外さないことこそが成功への一番の近道であることは、言うまでもありません。

ビジネスに慣れてきたら "あえて勝負" もあり

ただし、すでに何本か商品をリリースした経験がある方の中には、「このキーワードは見込み客としては優先順位1位にはなっていないけれど、本当に見込み客に必要な商品やテーマはこれなんだ！」と感じている場合もあるかもしれません。そのような確信があるのであれば、ぜひそのテーマの商品にチャレンジしてみてください。

例えば、あなたがこれまで『コピーライティング』というキーワードに沿ったビジネス系のコンテンツや企画を提案してきたとしましょう。ところがある時「今の時代コピーライティングを学ぶだけでは見込み客を動かすに不十分。これからは、パッと見のビジュアルで強い印象を残せる『セールス・デザイン』こそが大切なんだ！」と思い立って、『セールス・デザイン』を学ぶ企画を立ち上げたとします。

見込み客はあなたを『コピーライティング』の専門家として認識していて、『コピーライティング』の情報や商品、企画をあなたに期待しています。そんなあなたが『セールス・デザイン』という新しいキーワードに基づいた企画を提案する……例えばこのようなケースが「見込み客の中で優先順位1位ではない商品を提案する」ことに該当します。

見込み客があなたの主張に賛同してくれる勝算が立つのならば、たとえ優先順位1位でなくとも、そのキーワードで勝負することは大いにありです。うまくいけば、あなたはライバルから頭ひとつ抜けたポジションを勝ち取ることができるのですから。

スガにもひと言 言わせてください！
あの人が言うなら買おう、あの人が紹介するなら参加しようという場合ってありませんか？　僕は普段から情報を追っている方が商品を販売した場合、レターを読まずに一瞬で申し込むことがあります。向き合う姿勢を重ねて商品作りをしていくと、一定数の人たちが「あなた＞商品」という図式になります。期待値の域を出ませんが着実に増えていく数字です。

03 バックエンド商品設計（2）
見込み客の購買心理を読み死角を打ち消す

Step ①でもお伝えしたように、見込み客の購買行動は実に複雑です。売り損じを防ぐためには、見込み客の購買行動の心理を読み取り、商品づくりに反映させる必要があります。その方法について、一緒に紐解いていきましょう。

見込み客の中にある矛盾までひっくるめて
商品設計に反映させる

　次に、あなたと見込み客との間で過去に商品売買の実績、あるいは購入には至らなかったけれどもやり取りがあったのであれば、見込み客が過去に実際に購入した商品、参加したスクールやコンサルティングサービスに一度フォーカスしてみてください。もちろん、リサーチしているのであれば、その結果を踏まえて取り組んでみましょう。実は、見込み客の実際の購買行動にはとても大きなヒントが隠されているのです。

　リサーチのStep（☞Step ①-12）でもお話ししたように、人は「これは大切」と認識しているものと、実際に選び取るものには若干のズレが生じがちです。見込み客自身が「Aが欲しい」と口にしつつ、実際にはBを購入しているのなら、あなたはその事実を踏まえて商品設計やセールスに取り組むべきです。こうした事実を考慮することなく、あるいは無視してセールスを行ったとしても、商品が売れる可能性は低いからです。

　これは、単に「顧客に迎合しろ」という意味ではありません。見込み客をきちんと見つめて、彼らの中にある矛盾までひっくるめて、あなた自身の行動を決めるべきであるということです。

　もう少しわかりやすくお話しします、Step ①-12で取り上げたダイエット商品の事例で上記のケースを掘り下げてみましょう。

まず、商品Aは「1日1時間の運動で効率的に痩せるエクササイズ・プログラム」、商品Bは「飲むだけで痩せるサプリメント」だとします。とすると、見込み客は〈「商品Aが欲しい」と口にしつつも、実際には商品Bを購入した〉ことになるので、エクササイズ・プログラムではなくサプリメントを入手したことになります。どうしてそのような購買行動に至ったのでしょうか？その理由や原因に思いを巡らせてみましょう。

　もしかしたら、「痩せるためには運動しなければいけない」と頭でわかっていても、運動というハードルの高さに抵抗感を抱いてサプリメントを手にしたのかもしれません。もしそうだとすれば、あなたはどうしますか？

　例えば、見込み客の実際の行動を汲み取って自分もサプリメントを売り出す……というのも選択肢の一つでしょう。しかしあなた自身が「痩せるためには運動しなければいけない」という信念を持っているのであれば、別の手を考えてみるのも一手です。その場合、次にすべきことは「なぜ、見込み客は運動にハードルの高さを感じるのか？」「そのハードルを下げて、運動してもらえないだろうか？」という問いを心に立てて、工夫やアイデアを考えていくことです。

　このように、見込み客の実際の行動や思考をベースとしてあなた自身の商品アイデアを膨らませていくことで、商品は具体的な形になっていきます。

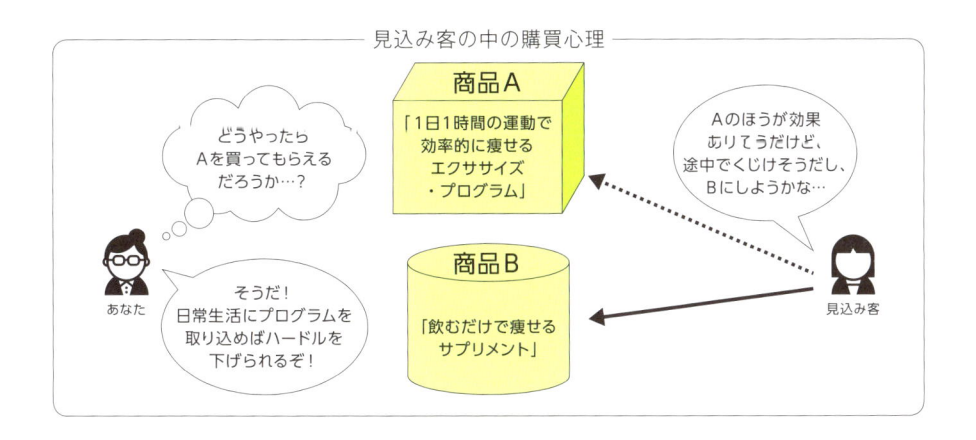

見込み客の中の購買心理

バックエンド商品設計（３）
見込み客の主観のみに囚われてはいけない

見込み客の購買行動の裏には、それこそ十人十色のストーリーが存在します。ここでは、キーワード探しの際にも触れた『受難のストーリー』で過去を、『裏のウォンツ』の視点で行動の背景を掘り下げていきましょう。

改めて見込み客の「受難のストーリー」に目を向ける

前項の延長線上のワークとして、リサーチのステップでも触れた『受難のストーリー』の視点で見込み客の背景を整理していきましょう（☞Step ①-9）。

繰り返しになりますが、受難のストーリーとは、「見込み客が問題を解決したいと思いながらも、なかなか解決に至らず悩んだり、不安に思ったり、苦しんだりしたストーリー」のことです。見込み客は、「過去に問題を解決するために商品を購入したけれど、結局何ら問題解決に至らなかった」というストーリーを経験しているかもしれません。であれば、それもまた『受難のストーリー』と言えます。

しかし、なぜ商品を購入しても、見込み客の問題は解決しなかったのでしょうか？　その原因や理由をここで整理しておくと、後々あなたがライバルを上回る商品を設計するヒントになります。

注意すべきは、「見込み客の主観」もさることながら「事実」をしっかりと押さえることです。例えば、見込み客が受難のストーリーとして「スクールに参加したけれど、サポートが足りなかったから悩みが解決しなかった」と言ったならば、具体的にどれくらいの頻度で、どんな形式で、どのような内容のサポートを受けた結果、問題解決に至らなかったのか……という点を押さえておくべきです。事実を具体的に把握することで、あなたの商品を設計するアイデアもよりいっそう具体的になります。

「裏のウォンツ」にも目を向ける

Step①-13でお話しした「表のニーズ」と「裏のウォンツ」も、商品づくりには欠かせない視点です。この二つが揃って、はじめて見込み客は購買に至るからです。

これまでの私の経験からすると、見込み客は表のニーズは言葉にしてこちらに伝えてくれるのですが、裏のウォンツを言葉にしてくれることはほとんどありません。また、見込み客自身も、裏のウォンツを自覚していないケースが多々あります。裏のウォンツとは、見込み客と対話する中であなたが洞察する必要がある「隠された情報」なのです。

「裏のウォンツ」を探り当てるには、見込み客の「言動」よりも「行動」にフォーカスして見込み客を観察することが求められます。

Step①-13で例示した英語のサロンの失敗談を例にお話ししましょう。見込み客にその時の一日のスケジュールを教えてもらって、もし英語のためのエクササイズの時間よりも、同じサロンに通うメンバーとのおしゃべりの時間のほうが多かった……という事実が判明したのであれば、もしかしたら見込み客にとっての『裏のウォンツ』とは「仲間との会話や交流」なのかもしれませんよね。その場合、あなたの商品にも「参加者同士の交流」をカリキュラムに組み込んでみてください。見込み客にとって、カリキュラムの魅力がよりパワーアップすることは間違いありません。

スガにもひと言 言わせてください！
　お客さん自身が必要性に気づいていないという場合もあります。例えば、バンドマンはライブハウスを満席にしたいと常々思っています。でも、自分自身で「ライブハウス　集客」「バンド　集客」というキーワードは思い浮かばない人も多い。そこで、バンドメンバーの募集掲示板に広告を出して「バンドマンが集客する方法」を販売して大ヒットというケースがありました。こちらから最適な場に露出することで認識してもらうのもひとつの方法です。

バックエンド商品設計（4）
商品に「あなた独自の価値」を吹き込む

見込み客を意識したさまざまな考察を経て、だいぶバックエンド商品の輪郭が見えてきたことでしょう。ここでは、ライバルに圧倒的な差をつけるために、商品にあなたのオリジナリティを吹き込む方法についてお話しします。

「なぜあなたから買う必要があるのか」に徹底的にフォーカスする

　ここまでの課程を通し、見込み客のニーズに応える商品の輪郭が少しずつ見えてきました。とはいえ、その商品にはまだあなた独自の"色"が乗っていない状態です。このまま商品をリリースしたとしても、一定数は売れるものの、売上は頭打ちになる可能性が高いでしょう。

　というのも、見込み客からすれば「なぜ、あなたから買わなければならないのか？」「他の人では駄目なのか？」という疑問が頭の片隅にあると、購買に踏み出す勇気がしぼんでしまうからです。見込み客が気持ちよく購買を決断できるよう、「あなただから提供できる」商品にしていきましょう。

　例えば、あなたが立ち上げたイベントに来てくださった見込み客の頭の中には、少なからず「あなたが開催したから足を運んだ」という必然性や理由があるはずです。見込み客との対話を通して、あなたは見込み客があなたのどんなポイントに共感したり、親近感を持ってくれたり、あるいは魅力を感じてくれているのか、知ることができたはずです。

　あなた独自の価値は、一見わかりにくかったり、言葉に表すのが難しい可能性があります。「これって本当に価値なのかな？」と、あなた自身がピンと来ない場合もあるでしょう。「優しそう」「話をきちんと聞いてくれそう」「声が好き」「何となくこの人みたいになりたい」「洗練されている」……このよ

うな要素も、間違いなくあなた自身の魅力であり武器なのです。

では、こうした要素が見つかったとして、具体的にどう商品に活かしたり、商品に盛り込めばよいのでしょうか？

具体的な方法をお話しします。==あなたの個性や魅力を商品の「形式」に活かしてみてください。==「優しそう」「話をきちんと聞いてくれそう」という強みがあなたにあるのであれば、個別のセッションやカウンセリング、コーチングをサービスに据えることで、見込み客からの反応は高まるでしょう。

一方、あなたに対する見込み客の印象が「洗練されている」「理知的である」ならば、商品は「セミナー」「動画講義」形式が向いています。==「洗練されている」「理知的」という印象の裏には「近寄りがたい」というイメージが隠れていることがままある==からです。私自身も、ものごとをテキパキと進める性分からか、実のところ個別セッションよりもセミナー形式のほうが反応率は高いです。

「声が好き」ということであれば、音声コンテンツを販売したり、あるいはWEBセールスではセールスレターではなく「音声レター」を使うというのも一案です。このように、あなたの魅力を最も活かせるセールススキームをしっかりと活用することが、ライバルに打ち勝つ集客術の王道なのです。

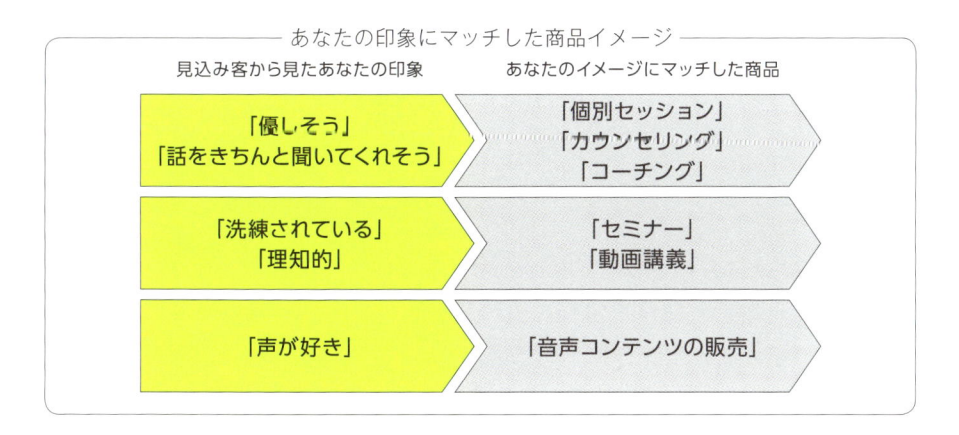

あなたの印象にマッチした商品イメージ

見込み客から見たあなたの印象 / あなたのイメージにマッチした商品

見込み客から見たあなたの印象	あなたのイメージにマッチした商品
「優しそう」「話をきちんと聞いてくれそう」	「個別セッション」「カウンセリング」「コーチング」
「洗練されている」「理知的」	「セミナー」「動画講義」
「声が好き」	「音声コンテンツの販売」

バックエンド商品設計（5）
「思い込み」という落とし穴に要注意！

商品を設計する上での視点として、一貫して重要なポイント、それは「顧客目線」による思考を忘れないことです。実際、どんなところで目線のズレが生じてくるのか、具体例を挙げながらお話しします。

商品設計では思い込みを外して考える

　人間とは、一見　すべての人が同じようにものを見て、聞いて、解釈しているように見えて、実はまったく別のものを見ていたり、聞いていたり、異なる解釈をしていたりする生き物です。この点を踏まえて、フラットな目線で考えてみると、新たな視野が開けるかもしれません。

　あなた自身がもし主観に囚われて商品設計を行っていたとしたら、ここで一度距離を置いて、客観的に分析してみてください。あなたが抱いている「この商品は最高だ」という感覚は、必ず見込み客とずれるということは覚えておいてほしいと思います。

　私のコンサルティングのクライアントにこのようなアドバイスをすると、大抵の場合「本当にこれで大丈夫でしょうか？」「自分ではまったくピンと来ないのですが……」という反応が返ってきます。しかし実際に商品の客観分析を実行してみると、やはり以前よりも反応が高くなるのです。

　一つ、私の実体験をお話ししましょう。

　私自身「これはものすごく売れるに違いない」という思いでつくった企画が、蓋を開けてみるとまったく鳴かず飛ばずだった、という経験があります。その企画は、過去の私と同じような起業志望者に対して「一緒にプロジェクトを立ち上げてみませんか」と提案するものでした。私自身が過去を振り返りなが

ら、「もっと早く "お勉強" から抜け出して実践の機会に飛び込んでいれば、その分早く独立起業できただろうになぁ」「もしかするとそういった機会を提供する場があったら喜ばれるのかもしれない」と思い描いていたことをプロジェクトとしてメルマガで提案したのです。ところが……結果はまったく売れませんでした。

「どうしてだろう」と思い、メルマガの読者と個別に話す場を設けてリサーチしたところ、返ってきた声は「自分がプロジェクトを回すなんてまだイメージができない」「それよりもリスクなく、知識を教えてもらえる環境が欲しい」というものでした。つまり、私自身が「これは売れるだろう」と思った商品と、実際に見込み客が望んでいる商品がすっかりずれていたわけです。

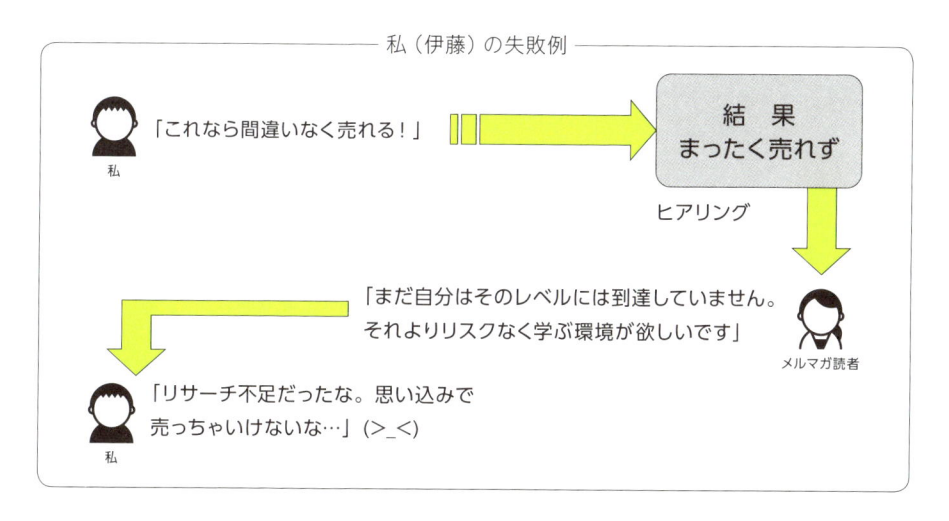

このようなケースは往々にして起こり得ます。そして、こうした事態を避ける唯一の方法は、あなたが見込み客をしっかりと観察して、彼らの望んでいるところをなるべく正確に汲み取る姿勢を持つことです。この姿勢を忘れて自分の思い込みで突っ走った結果、私は手痛い失敗を経験しました。

商品を設計する際には「自我」や「思い込み」をなるべく外して、まっさらな状態で見込み客に向き合ってみてください。きっと彼ら彼女らの心の奥が見えてくるはずです。

バックエンド商品設計（6）
えっ、USPでの差別化は不要？

商品セールスにおいて「USP」が重要視されているように、現代は個性がなければ売れない時代と言われます。が、本当にそうなのでしょうか？
実は、購買を決定する上で、商品の魅力以上に重要なものがあるのです。

「USP」よりも「見込み客の感情」を見つめる

　さて、前項までを読んでみて、もしかすると「本当にこれで自分は見込み客に選んでもらえるのだろうか？」「ライバルと差別化をしなくてよいのだろうか？」と不安になったかもしれません。

　「差別化」というと、すぐに連想されるのが「USP（☞用語解説）」です。ドミノピザの「ほかほかで焼きたてのピザが30分以内にお宅に。もし着かなければタダ」が、わかりやすいUSPの例でしょう。

　しかし、ズバリ言います。私が考えるに、「USPは不要」です。

　理由は以下の通り（3点）です。

---

① 実際問題として、ライバルより優れたUSPをつくるのが難しいから。
② 頑張って優れたUSPをつくり上げたとしても、ネットで瞬時にして情報が拡散する現代ではすぐにライバルに模倣され陳腐化してしまい、費用対効果が優れているとは決して言えないから。
③ 特に高単価商品の購買判断において、人はUSPではなくもっと非言語的・非論理的な理由で購買を決定する傾向にあるから。

　「USPがなければ商品は売れない」という意見もよく耳にします。ところが世の中を見わたしてみると、USPがなくとも売れている商品は山ほどありま

すし、優れたUSPでセールスを伸ばしている商品や企業はそれほど多くはありません。USPは、実は必ずしも必要ではないのです。それよりも、現代のマーケティングで大切なものは、「言葉にはできないけれど、何だかいいな」という「快の感情」へのまなざしではないでしょうか。

特に、高単価商品では、商品提供者と見込み客が接する機会（コンサルティング、セミナー、セッションなど）が中心的な価値になっている場合も多く、このような商品のセールスを受けた見込み客は、心の中で必ずと言っていいほど「この人と長期間にわたって人間関係を築き上げて本当によいのだろうか？」と考えています。この時購買を決定する判断基準となるのは、論理的・言語的な「USP」よりも、さらにもっと原始的・非言語的な「好き・嫌いの感情」である場合が多いのです。

よって、高単価商品のセールスにおいては商品コンセプトの差別化に全力を注ぐよりも、むしろ見込み客の感情にフォーカスし、見込み客があなたに対して抱いている印象と商品形式のマッチングに重点を置くべきなのです。

人間は「感情の生き物」です。見込み客の感情を突き動かすことこそが、購買を決定づける最短経路であることを覚えておいてください。

スガにもひと言 言わせてください！
　個人や小さな会社の中で、USPを挙げるとするならば「その人自身」ということはよくあります。見込み客とコンタクトを取り続ける中で、感情面から支持されます。一見、自分がいなければ回らないビジネスを構築していると思うかもしれませんが、あなたという唯一無二の人間だから選ばれるという土俵で初動は十分戦えます。

用語解説

USP (unique selling proposition)
米国の広告代理店 テッド・ベイツ＆カンパニー（現ベイツ141）で活躍した伝説のコピーライター、ロッサー・リーブスが提案した効果的な広告表現制作のポイント。自社の製品やサービスの強みを集約し、顧客に伝わりやすくしたもの。競合他社にはない固有のものであり、かつ顧客を惹きつける十分な魅力を備え、特別な価値を提供できることが求められる。

バックエンド商品設計（7）
最初から大きな土俵で勝負しない

世の中には、あれもこれもとマルチな才能を発揮する天才肌の人がいます。「自分もいろいろな分野に秀でていないとダメなのでは…」と心配になるかもしれませんが、心配は無用。むしろ守備範囲は"狭いほうがいい"のです。

勇気をもって専門領域を絞り込む

　前項ではUSPよりも感情に訴求する商品設計を心がけるべきとお話ししました。とは言え、やはり商品にはその商品独自の魅力が備わっていなければ、洋服を着たマネキンのように上辺だけの商品になってしまいます。

　そこで求められるのが、「専門領域の絞り込み」です。

　特に、あなたがまだ大きな実績や権威性を持たない段階であるならば、勇気をもって自分の専門領域を絞り込んだ上で、商品設計に取り組んでください。ダイエットであれば、単なる「ダイエット」よりも、「足痩せ」や「部分痩せ」といった部位、あるいは「忙しいOL」や「40代女性」などターゲットのセグメント化に特化するということです。

　「専門領域を絞り込んで、見込み客を逃してしまわないでしょうか？」とメルマガ読者の方やコンサル生からしばしば質問を受けます。心配になる気持ちもよくわかります。しかし、まだ大きな実績が出てない状態では、一つでも確実に「見込み客から選ばれる理由」を増やしておくべきなのです。

　あえて専門領域を絞り込むことで、見込み客の悩みや欲求にダイレクトに訴求でき、「あ、これは自分のための商品だ」と思ってくれる確率がより高くなります。

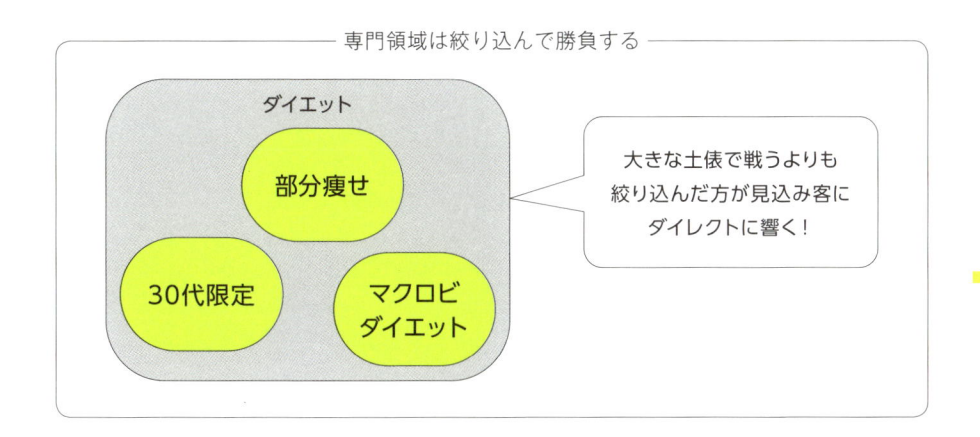

専門領域は絞り込んで勝負する

ダイエット

部分痩せ

30代限定

マクロビ
ダイエット

大きな土俵で戦うよりも
絞り込んだ方が見込み客に
ダイレクトに響く！

　はじめは小さく専門領域を絞り込んで走り出し、顧客に価値を提供して経験や実績が増えてきたら、サービスの範囲を拡大していってください。

　一例を挙げれば、いまや地球規模のSNSに成長したFacebookも、はじめはハーバード大学内コミュニティ向けのSNSとしてスタートした、ごく小さな規模のものでした。それがちょっとした評判となって他の学科にもサービスを開放し、さらに他の大学にもサービスを広げ……といった具合に、徐々に対象とする顧客層を拡大することで、サービスを伸ばしてきました。

　つまり、「Facebookは個人発信のコミュニケーションツールとして使える！」ということで認知度を高め、世界中に広まっていったわけです。

　あなたも、最初は小さな専門領域からスタートして、徐々にステップ・バイ・ステップでサービスの範囲を拡大していくというアプローチを踏みつつ、着実に力を付けていくことをおすすめします。

スガにもひと言 言わせてください！
　「伊豆旅行ガイドブック」と「全国旅行ガイドブック」があったとして、伊豆に行きたいと思っている人たちはどちらの本を手にするのか？　もちろん前者ですよね。制作サービスも、士業向けやカウンセラー向け等、業界に特化して打ち出したほうが、当てはまる方の引きが圧倒的に強いです。

バックエンド商品設計（8）
ライバルを引き離す「3つの質問」

編み出した商品をライバルを出し抜くレベルに引き上げるために外せないプロセスがあります。それは、これからお話しする「3つの質問」をクリアすることです。これを実践するかしないかで、雲泥の差が出ます。

なぜ「私」が「今」「あなた」から
買わなければならないのか？

　ここまでワークしてきたことで、おおよそあなたの商品の輪郭が定まってきたかと思います。ここで、見込み客目線の質問を3つ用意しました。あなたの商品をもっと磨くためにしっかりと質問に答えてください。

【1.「なぜ、私は商品を買うべきなのですか？」】
　売れる商品コンセプトの第一条件は、商品をひと目見た見込み客が、その商品を購入した先にあるベネフィットや待ち受ける未来を直感的に理解できることです。

　我々は見込み客からの「あなたの商品を購入すると、僕の人生はどう変わりますか？」という質問に答える必要があるのです。いくら売り手であるあなたが一生懸命考えた商品であっても、見込み客に直感的にイメージや利点が伝わらなければ、見込み客は商品の魅力を理解できず売れにくいことに注意してください。

【2.「なぜ、今買わなければいけないのですか？」】
　売れる商品に備わっている二つ目の条件は、見込み客が「今すぐ」買う理由、今買ったほうがよいと同意できる理由を明示できることです。

「今すぐ」購入する必要があると見込顧客が同意すれば、商品を手にとって貰

える確率は格段に高まります。需要増や希少性など、緊急性を謳えないか、しっかりと探ってください。

【3.「なぜ、あなたから買わなくてはならないのですか?」】

　最後に、「他の誰でもなく、なぜあなたから買うべきなのか?」という質問に答える商品にできないか、チェックしてみてください。

　注意してほしいのは、ここで求められているのは、いわゆる実績や権威ではない、ということです。Step②-7(「USP」よりも「見込み客の感情」を見つめる)でお伝えしたように、見込み客の「快」の感情を見つめて、この質問に答えてみてください。

　最初は答えられなくても大丈夫です。ただ、そこに甘んじていると凡庸な商品しか生み出せず競争力が落ちていきます。ですので、「なぜあなたでなくてはならないのか?」という視点は常日頃から意識してください。

・・・・・・・・・・・・・・・・・・・・・・・・・・・・

　以上が、コンセプトを磨く3つの質問です。この3つの質問をクリアできたなら、あなたの商品コンセプトはもうライバルにも負けないくらいにチューンナップされていると捉えてよいでしょう。

スガにもひと言 言わせてください!!

　お客さんには感情の波があります。欲しいけどどうしようかなと迷った場合、ここは背中を押してあげる何かを用意したほうが親切ですよね。僕は定期的に「今買う理由」を用意して背中を押すようにしています。お客さんが購入するきっかけ作りを随所に散りばめるために「期間」や「人数」といった部分に制限をかけたり、特典の増減によるピーアールも入れます。

　お客さんが買いやすい「きっかけ」を限定性などのわかりやすいもので用意しましょう。今ダイエットをすることで夏の海に間に合うとか、受験に間に合うとか、思い描ける未来もしっかり伝えましょう。

Step ② 10 バックエンド商品設計（9）ライバルの商品を見極める3つの視点

以上のワークを終えたら、いよいよ具体的な商品の形式やカリキュラムの設計に入っていきましょう。その際に最も役立つもの…それは言うまでもなく、競合商品です。分析の際に着目する視点について詳しく解説します。

売れる商品の形式やカリキュラムはライバルが知っている！

さて、いよいよ具体的な商品の設計に入っていきます。あなたなら、どのように商品形式やカリキュラムをつくっていきますか？

私の場合、商品を具体的につくり込んでいく前に必ず行うプロセスがあります。それは、売れるキーワードを見つけるリサーチの項でもお話しした「競合・ライバルのリサーチ」（☞Step①-5）です。

ライバルが販売している商品というのは、「売れる商品のヒント」の宝庫だからです。SNSやブログのサイドバー広告、あるいは誰かのメールマガジンに掲載されている号外広告にアンテナを張り、ライバルを探し出して徹底的に分析してみるのです。

とはいうものの、いったいどのような基準でリサーチすべきライバルかどうかを見極めればよいのか？　これについては、以下の3つの基準で考えてみてください。

【1. 販売している商品が似ている】
まず真っ先にイメージしやすいのは、類似の商品を販売しているライバルです。例えば、あなたがビジネススクールを販売している場合、同様にビジネススクールを販売しているライバルがこれにあたります。

【2. 対象とする顧客層が似ている 】

次に考えるべきは、対象とする顧客層が似ているライバルです。販売している商品が異なっていても、顧客が似ていれば、顧客への魅力の訴え方や打ち出し方は近似しているはずなので、少なからず参考になるはずです。

また、このようなライバルはリサーチの対象としてのみならず、<mark>将来のジョイントベンチャーのパートナー候補にもなります</mark>。対象とする顧客が似ていて提供している商品が異なる場合、互いの顧客リストに対して互いの商品を紹介することができるからです。

【3. 売り手の強みが似ている 】

そして、一見わかりにくいですが、実はとても参考になるのが「売り手の強みが似ているライバル」となります。

例えば、あなたの強みが「優しそう」「話にきちんと耳を傾けてくれそう」といったものであれば、同様のライバルの振る舞いを観察してみると、いろいろな発見があるでしょう。ライバルはより見込み客に安心してもらえるよう、サービスカリキュラムや声のかけ方に工夫を凝らしているかもしれません。こうしたポイントを観察してあなた自身のビジネスや商品に取り込むことで、自分自身でアイデアを出すことなく商品をパワーアップできます。

・・・・・・・・・・・・・・・・・・・・・・・・・・・・・・

以上３つの視点を参考として、ライバルを見つけ出し、あ観察してみてください。彼らはどんな商品をどんな形式、どんなカリキュラムで打ち出していますか？　パズルのピースを集めるように、ライバルのアイデアや工夫を一つひとつ拾い上げてみてください。

スガにもひと言 言わせてください！
　僕は同市場の商品をガンガン購入しますし、他市場でうまくいっている商品やサービスも購入することが多いです。高評価の理由やリピートの仕組みは表面上だけでは見えないので、そこを知れるだけでも価値あり です！

バックエンド商品設計(10)
「心理的距離感」に応じた商品設計を!

商品コンセプトは決まりました。ここから、いよいよ商品設計のフェーズに入っていきます。が、そもそも、商品とはいったい何なのでしょう? そして、商品それ自体よりも重要なものがあるのですが、どんなことでしょうか?

見込み客は自分が望む距離感に適応した商品を手に取る

　これは少し独特な考え方かもしれませんが、私は商品設計を行う際には、常に「見込み客との心理的な距離感」という視点を重点に据えています。

　ひとえに見込み客といっても、実際にはその人ごとに、あなたに対する親近感や共感の度合いは異なっているはずです。ある人はあなたに強いシンパシーを感じて、あなたが提供する商品であれば、迷わずもっとも高額なラインナップを手にしてくれるかもしれません。しかし別の人は、あなたの提供するサービスのクオリティは信頼しながらも、あなた個人にはさほど興味を持っておらず、深い付き合いをしたいとは思っていないかもしれません。これが、私が常日頃意識している「心理的な距離感」です。

　商品には、それぞれ「距離感」があります。セッションやコンサルティングはマンツーマンの対面サービスですから、距離感は近いと言えます。逆に動画コンテンツの販売はあなたと直接の接点や対話の場はありませんので、距離感が遠いと言えます。同様に、セミナーやコミュニティといったサービスにも、それぞれ見込み客との距離感が存在します。

　見込み客は、自分が望む距離感をとることができる商品を手に取ります。逆に、望む距離を得られない商品は買うことがありません。あなたのノウハウに興味があってもあなたに親近感を持っていない見込み客は、セミナー動

画は購入してくれるかもしれませんが、高額の対面コンサルティングサービスは恐らく購入してくれないでしょう。

　このように、<mark>見込み客が商品を購買する決定的基準の一つが「心理的な距離感」であり、それゆえ距離感を意識して商品を設計する必要がある</mark>のです。

距離感の"隙間"を見つけて商品化する

　では、ここでワークをしてみましょう。あなたの現在の商品ラインナップを眺めてみてください。そしてそれらの商品について、距離感が近いと感じる順番に並べてみてください。

〈 Lesson 〉
■ あなたの商品を「距離感が近い」と感じる順に書き出してみてください。
　まだ商品がない場合は、リリース予定、あるいはしようと考えている商品でも構いません。

近い	・
	・
距離感	・
	・
	・
遠い	・

　ここに書ききれない場合は、同じようにノートや紙片に書き出してみてください。

……いかがでしょうか？

　もしかして、商品ラインナップに偏りがあったりはしませんか？　例えば、距離感が近い商品は豊富にあるけれども、距離感が遠い商品はほとんど存在しない……など、偏りを見つけたなら儲けものです。

　あなたが次にすべきことは、「穴が空いている距離感の商品」を新たにつくることです。そうすれば、これまであなたの商品を買いたいと思いつつも、望む距離感の商品がなくて購買に至らなかった見込み客が、新しい商品を手に取ってくれる可能性が高まります。

心理的な距離感ごとの商品を用意し見込み客が望むタイミングで提供する

　マーケティング理論には「フロントエンド」「ミドルエンド」「バックエンド」という言葉があります。まず集客用のフロントエンドを購入してもらって関係性をつくり、次にミドルエンドを購入してもらい、最後に収益商品であるバックエンドを手に取ってもらう……こうしたマーケティングの流れを組むことが正解であると言われています。

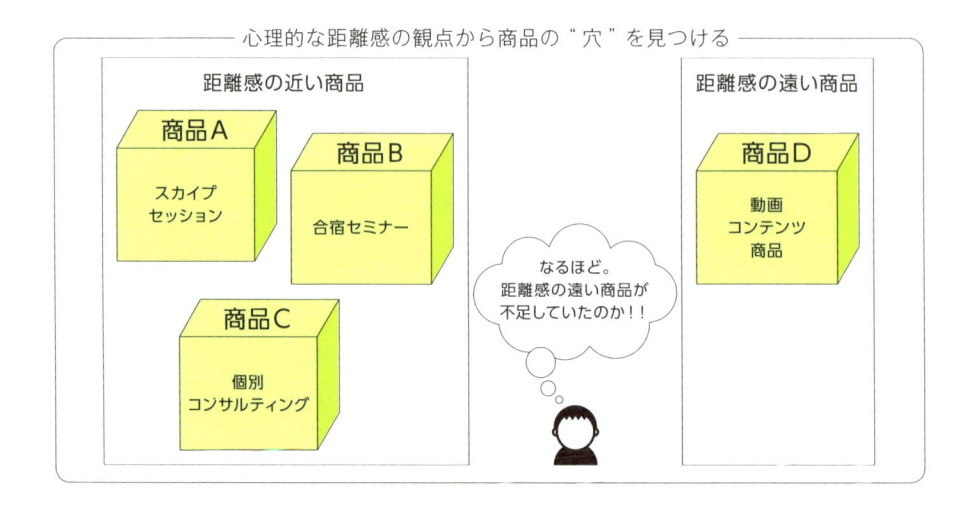

心理的な距離感の観点から商品の"穴"を見つける

距離感の近い商品
商品A
スカイプセッション

商品B
合宿セミナー

商品C
個別コンサルティング

なるほど。距離感の遠い商品が不足していたのか！！

距離感の遠い商品
商品D
動画コンテンツ商品

しかし、本当にそうでしょうか？　中には「お金を払ってでも、一日でも早く自分の問題を解決したい」「いきなりバックエンドが欲しい」と願っている見込み客もいるはずです。そのようなホットな見込み客にフロントエンドを提案することは、必ずしも正しいとは言えないのではないでしょうか。

顧客心理に沿って考えを巡らせた時、もっとも大切なのは、==心理的な距離感ごとの商品ラインナップを漏らすことなく用意し、それらを見込み客が望むタイミングで提供すること==です。

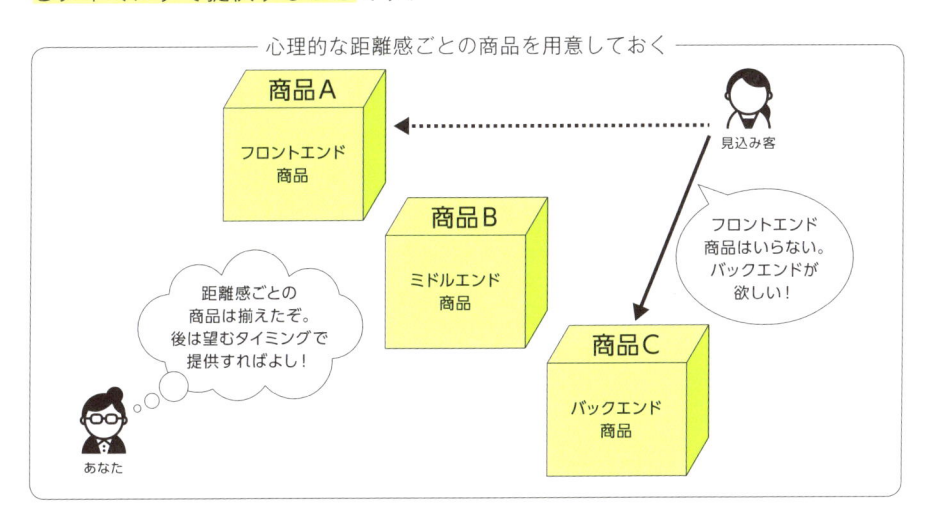

心理的な距離感ごとの商品を用意しておく

商品A
フロントエンド商品

商品B
ミドルエンド商品

商品C
バックエンド商品

見込み客

フロントエンド商品はいらない。バックエンドが欲しい！

距離感ごとの商品は揃えたぞ。後は望むタイミングで提供すればよし！

あなた

見込み客ごとに提供する商品や、提供するタイミングを調整するには、いくばくかの手間や工夫が求められるところです。が、かける労力に比して利益効果が大きい部分でもあります。

ぜひ、臆せずにチャレンジしてみてください。

スガにもひと言 言わせてください！

お客さんの現在のステージによっても、いきなりバックエンドを求められます。一番近距離で接点を持つことができて、なおかつ学びが深いのはどこか？という考えの方もいますので、心理的な距離感はもちろん、お客さんの考え方（タイプ）にも着目してみましょう！

バックエンド商品設計（11）
高額商品における集客のポイントとは？

情報コンテンツ商品がインターネットを介した市場で発売され始めた頃と比べると、今は比較にならないくらい情報が溢れています。でも、そんな時代だからこそ、戦える方法があるのです。

高単価商品の価値は「情報を減らすこと」にあり？

さて、今度は誰もが憧れる高単価商品の設計ポイントをお教えします。

近年、商品としての「情報」の価値が目に見えて低下しています。WEBにアップロードされ無料で閲覧できる情報のクオリティが右肩上がりに上昇し、価値ある知識を持つ専門家がホームページやSNSなどで自ら情報発信をする機会も増えたことで、「情報」それ自体を高額で販売することは徐々に難しくなってきているのが実情です。

そんな中、あなたの見込み客は、多くの情報を手にすると同時に、情報に埋もれて混乱を深めています。世の中とは実に面白いもので、このような情報過多の時代には、反対に「情報を減らす」サービスの価値が高まるのです。「情報を減らす」サービスとはいったいどういうものを指すのでしょうか。

例えば最近では、ニュースのキュレーションアプリが人気です。キュレーションとは「収集してまとめる」という意味の言葉です。キュレーションアプリを開くと、多数のニュースサイトから自動で記事をピックアップしてきて、スマホの画面に記事を表示します。

それだけではありません。最近のキュレーションアプリには人工知能が搭載されており、日々のニュースを閲覧するユーザーの挙動を解析し、ユーザーがどんな記事に興味関心を持っているのかを読み取って、そのユーザーに最

適化したニュースを選んで優先的に表示してくれるようになりました。

　つまり、ニュースアプリを開けば、そこにはいつも自分のために最適化された情報だけがピックアップされて表示されるのです。

　「ユーザーが情報を探す煩わしい手間を省いている」ところにキュレーションアプリの価値はあります。これは見方を変えれば「情報を減らしている」ことになります。ユーザーは情報を減らしてくれることを喜んで、キュレーションアプリを使用しているのです。

　このように、現代人は「自分のために情報を適切にピックアップして持ってきてくれる存在」に対価を支払うようになってきています。

欲しい情報が永続的に集まる商品は売れる！

　さて、今度はあなたの番です。あなたの高単価サービスにも、「情報を減らす」思考法を持ち込んでみてください。

　例えば、「場」のプロデュースというのはいかがでしょうか？　「場」とは、わかりやすく言えばコミュニティや交流会、オンラインサロン等を指します。「ここに来れば、特定のテーマに関する情報をまとめて収集できる」、そんな価値を持った場をつくって提供するのです。

　あなたの見込み客の興味関心に沿ったテーマの情報が集まる場をあなたが用意することで、参加した見込み客はその場を活動のプラットフォームとして活用することになります。そこに行けばいつでも欲しい情報があり、新しい学びがあり、同じテーマに関心を持つメンバーとの交流があります。

　その場に価値を感じてくれた見込み客は、継続して参加してくれる可能性があります。場に一定数のメンバーが定着して盛り上がり始めたら、月額の会員制サービスとして安定した収益を生んでくれることでしょう。会員制サー

ビスは総額としては高単価ですが、月額制の料金ですと見込み客からハードルが低めに見えやすいため、おすすめのビジネスモデルです。

　また、セミナーやワークショップ、あるいは合宿といった<mark>「体験」型のサービス</mark>にも、「情報を減らす」機能があります。セミナーや合宿の会場にいる時間は、目の前に課題に集中せざるを得ません。<mark>雑多な情報から離れて、目の前の知識の吸収に集中できる</mark>という魅力があります。

　特に、特定のテーマを設けた合宿サービスですと、「短期間でのスキル習得」と「非日常の体験」というダブルの魅力があります。ふだん忙しい人ほど、一泊二日や二泊三日でスキルアップできて、しかも仲間が増えるという機会に高い価値を感じるものです。実際、合宿サービスは単価を高めに設定しても顧客から受け入れられやすい高単価モデルとして定着しています。

　こうした「情報を減らす」サービスの極地が「オーダーメイド」です。<mark>オーダーメイドとは、その道のプロが顧客一人ひとりに最適化した商品を提供するサービス</mark>です。顧客は、信頼する専門家が自分ひとりのためにしつらえてくれた商品に特別な価値を感じて、喜んで高い報酬を支払います。

【「情報を減らす」サービスの実践モデル】		
「場」の提供サービス	コミュニティ、交流会、オンラインサロン	課金制のビジネスにつながりやすい
「体験」型サービス	セミナー、ワークショップ、合宿	高単価設定でも受け入れられやすい
「オーダーメイド」	顧客一人ひとりに最適化した商品を提供	カスタマイズすることで高額化を実現

etc.

　いかがでしょう。あなたの提供する高単価商品にも「情報を減らす」という価値を盛り込んだ「場」「体験」「オーダーメイド」の要素を取り入れられないでしょうか。ぜひ、考えてみてください。

「労務提供型サービス」は信頼関係を築けば実績がなくても買ってもらえる

「場」「体験」「オーダーメイド」。この中で、特に初心者にとって注目すべきは、「場」と「体験」という商品形式でしょう。なぜなら、「場」と「体験」という価値であれば、特にビジネスの知識や実績がなくともつくり出しやすいからです。

「労務」は「（形のある）商品」と違って、はっきりと目には見えません。人間は目に見えない商品を選ぶ時、実績や経験あるいは価格よりも、「信頼関係」や「態度」を基準に置きやすい傾向にあります。

例えば、あなたが美容室を選ぶ時の経験を思い返してみてください。あなたは経験や実績、価格を基準に今の美容師を選んだのでしょうか？　きっと出会った縁や人柄、相性を基準にして選び、通い続けているはずです。

つまり、あなたが顧客に真摯に向き合って対応する限り、あなたは顧客にもっとも選ばれやすい位置にいることができるということです。これはビジネス初心者にとって、とても大きなアドバンテージであると言えます。

あるいは、講師を立てての会員制サロンやセミナーや合宿を企画し、あなた自身は「管理人」として労働力を提供すれば、あなたにとってはキャリアの一つになりますし、講師や顧客にとってもメリットがあります。

このように、たとえ経験ゼロからであっても、工夫次第で高単価商品を設計して起業することは可能なのです。どうです、ワクワクしてきませんか？

スガにもひと言 言わせてください！
　自分のフィルターを通して情報を精査する。この精査した発信内容に魅力があれば商品は売れます。時間対効果に加えて視点の数と視野の幅も広がるからです。また、場の価値を高める流れを仕組み化すれば、自身を前面に出すことなく、何人増えても労力は変わらず価値だけ上がり続けます。

Step ② 13 バックエンド商品設計（12） 売れるネーミングにはワケがある！

商品の名前（＝タイトル）は、売れ行きを左右してしまうほどに大切です。実は、売れる商品のネーミングには、共通する３つの秘密があります。これらをきちんと押さえておけば、商品の価値は格段にアップします！

売れる商品のネーミングに 必ず含まれる３つの要素とは？

　ネーミング（名付け）は、商品の売れ行きを大きく左右する大切な要素です。たかが名前、されど名前。中身がまったく同じでも、名前ひとつで売上に10倍もの差がつくこともあるほど。決して馬鹿にできないのです。

　優れたネーミングには、以下の３要素が必ずと言っていいほど含まれています。

【優れたネーミングに含まれる３つの要素】
①「商品の用途」が見込み客に明確に伝わるワード
②「見込み客にとってのベネフィット（利益）」を連想させるワード
③「これは何か」を見込み客に明確にイメージさせるワード

　ここで、ネーミングの成功例として知られている靴下『通勤快足』を例に取り上げて考えてみましょう。

　『通勤快足』という靴下はもともとは『フレッシュライフ』というネーミングで販売されていましたが、売上に伸び悩んでいたそうです。そこで、状況を打開すべく思い切って『通勤快足』という商品名に変更したところ、これが大ヒット。売上は10倍に伸び、ネーミングの成功事例として広く知られるようになりました。

この『通勤快足』という漢字４文字の名前には、上記の３要素が漏れなく詰め込まれています。

『通勤快足』に含まれる優れたネーミングの３要素	
①「商品の用途」を連想させるワード	『通勤』から、通勤時に着用する靴下であることが想起される
②「見込み客の利益」を連想させるワード	『快足』から、通勤時の靴のムレや臭いなどの不快感が抑制されるイメージが想起される
③「これは何か」を連想させるワード	『通勤快足』から、通勤時間に足の不快感に悩まされることなく過ごせるイメージが想起される

　どうですか？　ものの見事に３つの要素が含まれていますよね。
　まさしく完璧なネーミングです！

商品のネーミングに迷ったら「目的」から逆算せよ

　さて、それではここで、初心者でも一定水準のネーミングを生み出す手順をお伝えします。

〈 Lesson 〉
① まずはノートを用意してください。
② ノートの上部に「見込み客」と書いて、商品のターゲットとなる見込み客を書き出してください。
③ そしてその下のスペースに、ノートの横幅を４分割するように縦線を３本書いて間仕切りしてください。
④ 間仕切りした小部屋の一つひとつに左から順に「Ⓐ用途」「Ⓑベネフィット」「Ⓒこれは何か」そして「Ⓓネーミング候補」と書いてください。
⑤ そして、あなたの商品と、ノートの上部に書いたターゲット顧客をにらみながら、「Ⓐ用途」「Ⓑベネフィット」「Ⓒこれは何か」の３つの小部屋を、連想するキーワードで埋めていってください。

　①〜⑤のワークに取り組んだ後、⑥以降でチェックしてみてください。

| | No. |
| | Date ・ ・ |

ネーミングの 目的	30代男性幹事に、会社の創立記念パーティとして クルージングが採択される		
Ⓐ用途	Ⓑベネフィット	Ⓒこれは何か	Ⓓネーミング候補
東京湾を 貸し切る	贅沢な	時間	東京湾を独占す る、ワンランク上 の特別な１日を。
クルージング	非日常の	空間	オーシャンビュー を独り占めする、 贅沢な時間。

Merchant Books

⑥ ３つの小部屋（Ⓐ～Ⓒ）がすっかり埋まるまで、頭に思い浮かんだキーワードをひたすら書いていってください。この時点で「こんなキーワードを思いついたはいいけど、これって微妙だなあ」と判断したり吟味したりする必要はありません。ひたすら書き出していってください。

⑦ ３つの小部屋が埋まったら、いよいよネーミングの本番です。３つの小部屋に散らばったさまざまなキーワードをつなぎ合わせて、商品のネーミングを考えます。

⑧ キーワードを切ったり貼ったりしているうちに良さそうなフレーズが浮かんだら、「ネーミング候補」の小部屋に書き溜めていきましょう。

⑨ こうして「ネーミング候補」の小部屋がすっかり埋まったら、あとはネーミングの基本原則から外れないよう気をつけながら、特に気に入ったいくつかの候補を○で囲んでください。

この他、可能であれば周囲の人やあなたの見込み客に声をかけ、アドバイスをいただいてください。ネーミングを見るだけで「この商品が何に・いつ・どう使うのかイメージできるか」「この商品がもたらすベネフィットが直感的に理解・イメージできるか」等をヒアリングしてみるとなおよいでしょう。

この方法はもともと、知人の動画制作業者からクライアントを満足させるコピーの書き方について相談された時に着想しました。ネーミングのみならず、短文のフレーズを考える時にも使える方法です。また、キーワードの掛け合わせからネーミング候補が自然と生まれるので、それを叩き台に周囲に相談することで独善的な視点から抜け出しやすいという利点もあります。

あなたも、この方法をネーミングやフレーズ決定の際にご活用ください。

スガにもひと言 書かせてください！

他とは違うという印象を受け取ってもらうために、僕は同市場の商品名とサービスをひと通りリサーチした後、変化球を投げるようなイメージで作ります。また、集客なら○○というように事前に情報を加えることもあります。

バックエンド商品設計（13）
商品の価格はどうやって決める？

商品の内容と並び、重要かつ頭を悩ませるのが商品の価格設定。これを間違えたら、ケースによっては死活問題にもなりかねません。ここでは３つの価格決定の計算方法を伝授します。商品内容や条件に合わせてご活用ください。

無理せずビジネスを続けられる価格に設定する

さて、いよいよ商品設計も最終段階に入ってきました。

商品の内容が完成に近づき、じわじわと期待や喜びが湧き上がってきていることと思います。が、一方で最後に多くの人が思い悩むのが、「商品の価格設定」です。私のところにも、「商品の価格ってどう決めればよいのでしょうか？」というご質問をしばしばいただきます。

そこでこの項では、適正な商品価格を決定するにあたってのポイントを解説しています。

まず、価格設定で重要なポイントは、「あなた自身が無理せずビジネスを続けることができるだけの価格に設定すること」です。

自分の商品に価格をつけることにプレッシャーを感じる方もいらっしゃるかもしれません。だからといって、不当に安い価格を設定してしまうと、あなたはその後長きにわたり安い報酬のために絶えず走り回ることを強いられて、疲弊してしまいかねません。

あなたが疲弊して倒れてしまうと、見込み客はあなたのサービスを受けることができなくなってしまい、結果的に問題を解決することすら不可能になってしまいます。そんな事態に陥らないためにも、あなたの商品にきちんと適

正な価格をつけて、持続できるビジネスを目指してください。

商品の価格を定める3つの方法

では、商品の価格を定める3つの考え方についてお話しします。

【1. 自分自身の時給から決める】

一つ目の方法は、「あなたの時給」から決める方法です。特に、コンサルティングやカウンセリングセッションといった、あなた自身の労働、収入から生まれる場合に使いやすい考え方と言えます。

まず、あなたが目標とする年収と月の労働時間を決めると、あなたのあるべき時給が見えてきます。例えば、あなたの目標年収が1,000万円だとして、月の労働時間を100時間（1日5時間、月20日労働）としましょう。とすると、目標年収を達成するには時給は8,333円以上でなくてはいけないということがわかります。

すると、例えば1回のスポットコンサルティングサービスを提供するために、準備やフォローを含めて5時間を使うのであれば、あなたのスポットコンサルティングの価格は8,333円の5時間分、つまり41,665円以上に設定する必要がある、ということになります。

自分の時給を把握しておくことはとても大切なことです。ビジネスをされているのであれば、一度は考えてみることをおすすめします。自分の時給をしっかりと計算しておくことで自分の時間の使い方が明確になり、自

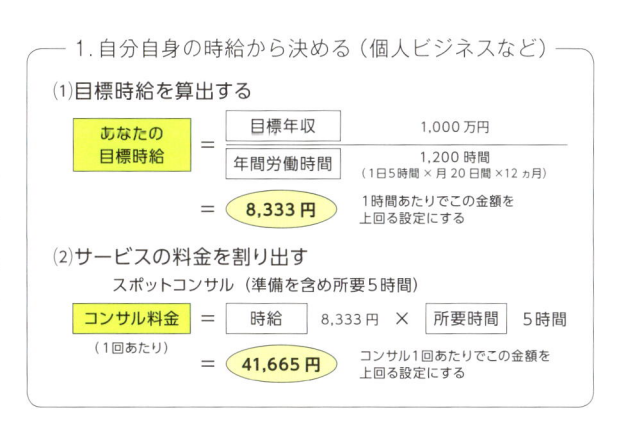

分の時間を使うまでもない業務を無視したり外注したりといった選択肢を迷わず選べるようになります。

【2. クライアントの時給から決める 】

　次におすすめするのが、「クライアントの時給を基準として商品の価格を決める」というアプローチです。例えば、あなたより時給が高い経営者などを顧客にして業務の一部を代行するビジネスでは、この考え方がぴったりです。

　規模の大きなビジネスをされている経営者は自分自身の時給を把握して物事を判断していることも多いので、失礼にならない範囲で「ご自身の時給はどれくらいに設定されていますか？」とストレートに聞いてしまってもよいでしょう。もし経営者自身がそのような発想が無かったのであれば、それはそれで「自分の時給を把握することで判断が明確になりますよ」という気づきを提供できるのですから。

　経営者自身の時給と、あなたが提案しようと思っている仕事を経営者自身が処理する際に要する時間を把握してみると、その仕事の価値が見えてきます。その2分の1や3分の1、あるいはそれ以下の価格であなた

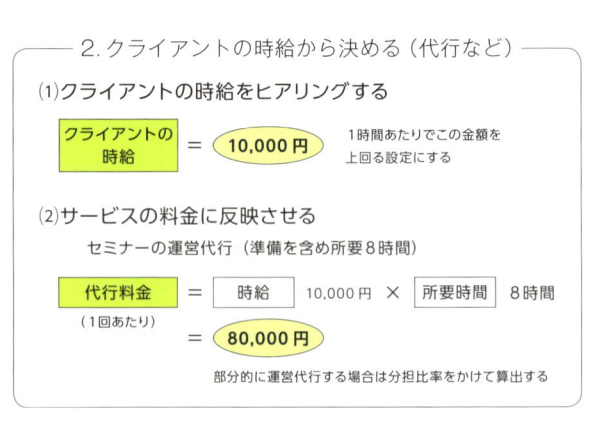

のサービスを提案することで、「あなたがご自身でされるよりも、私に任せていただいたほうがコストが抑えられますよ」という訴求ができるというわけです。こうすることで、コスト意識の高い経営者に明快なプレゼンをすることができます。

【3. クライアントにもたらす利益から決める 】

　最後に、あなたの仕事がもたらす（予想）利益から逆算して、商品の価格を

算出するという方法です。「このプロジェクトによって○○円の利益が生まれる試算なので、その△%の××円を価格とさせていただけませんか」と提案します。ほとんどの場合、このアプローチで提案を組むと、価格が最大化するはずです。このアプローチの提案を受け入れてもらうには、クライアントを説得できる合理性とプレゼン力が不可欠です。

提供する成果にコミットして提案することになるので、あなたとしては若干の勇気がいるかもしれません。しかし、「成果保証」や「返金保証」を提案に盛り込むことで、クライアントからすればあなたの提案を断る

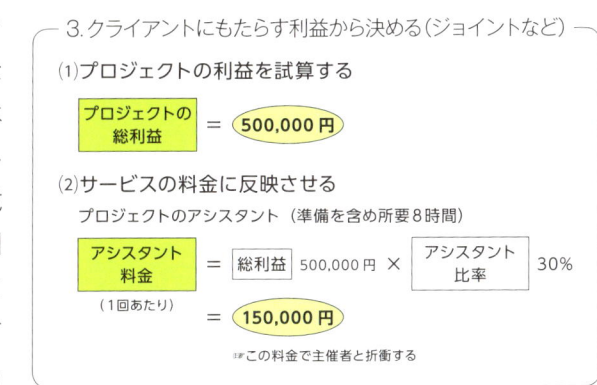

理由がなくなるのでおすすめの方法です。

以上、商品の価格を決定する３つの基準を紹介しました。

基準をもって価格を決定することで、クライアントに対して説得力ある形で価格の根拠を説明できます。これら３つの基準に沿って商品の価格を考えてみると、人によっては「こんなに高くて本当に売れるのかなあ…」と思うような価格になるかもしれません。大切なことは、あなた自身が疲弊することなく持続できるビジネスをつくることです。ですから、その価格が必然なのであれば、自信をもって提案してください。

スガにもひと言 言わせてください！
　弊社では事業モデルを年間で考えて価格帯を決める場合もあります。例えば年間で1,000万円の利益を出すと決めた場合、10ヵ月間を準備期間にして残り２ヵ月で20万円の商品を50名に売るなど。この感覚があると、数ヵ月経ってもまだ稼げない……と嘆く発想がなくなります。

バックエンド商品設計　補講（１）
自己商品なしでもリストビジネスは可能

せっかく売れる商品コンセプトを考え、商品設計を始めたのに、どうしても商品がつくれない……もしかしたらそんな悩身を抱えているかもしれませんね。でも心配は無用！　商品がなくても、ビジネスを行うことは可能です。

商品は必ずしも「自分自身」である必要はない

　前項まで、商品を設計する方法を解説してきました。本ステップの最後に、補足としてお伝えしたいことがあります。

　ここまでワークをしてきて商品のアイデアが得られたとしても、特にビジネス初心者の方は「本当にこんな商品を自分に作ることができるのだろうか？」と不安になっているかもしれませんね。特に価格の高い商品ともなると、見込み客に約束する価値もまた大きくなるので、なおさらだと思います。

　ここであなたに、一つお伝えしたいことがあります。それは、あなた自身に何の知識も経験も実績もなくとも、工夫すれば価値ある商品をつくることは可能ですよ、ということです。

　例えば、あなたは現在何かのスクールに通ってはいませんか？　もし答えがYESであれば、そのスクールの講師に「商品」になってもらうこともできるのではないでしょうか。あなたはその講師に知識を教えてもらい、価値と感謝を感じているはずです。であれば、今度はあなたが、他の人とその講師を引き合わせる役目をすればよいのです。

　あるいは、スクールの講師にインタビューをさせてもらって、その音声を見込み客に無料で配るとしましょう。そうすると一定の人数が講師に対して

興味を覚えてくれるはずです。さらに、有料のセミナーを企画して参加者を募り、セミナーの最後により高額なサービスを案内すれば、あなた自身に何ら知識や経験がなくとも、起業することは十分に可能なのです。

　あなたはすでにその講師に代金を支払って学んでいるわけですから、その講師の魅力、あるいはその講師にお金を払うに至った顧客としての自分の心理を、これ以上ないほど知っています。その「顧客としての自分」をつぶさに振り返れば、あなたの見込み客に声をかけるタイミングやメッセージの内容は、自ずと見えてくるはずです。

　この時、あなたが果たした仕事は『集客代行』と呼ばれるものです。あなたの見込み客と講師を引き合わせることも、立派なビジネスです。

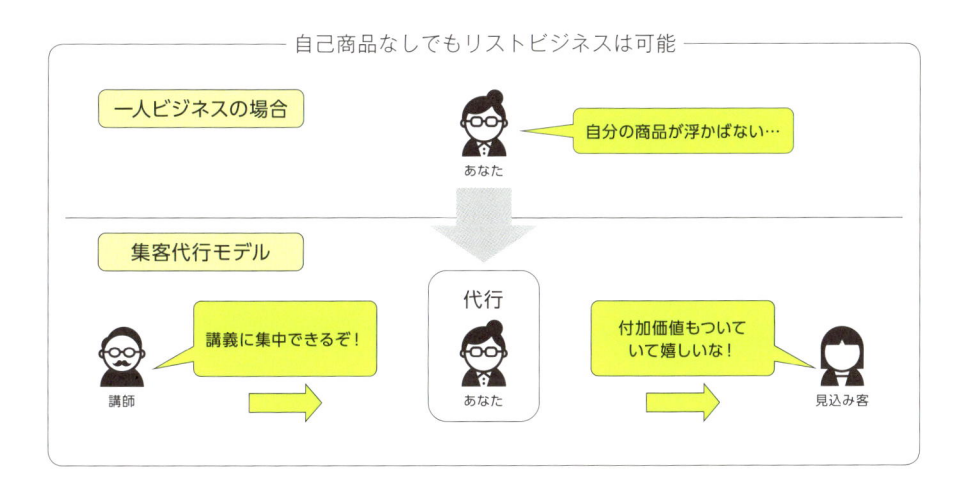

さらに言えば、あなた自身は単なる「代行者」ではありません。

　例えば、講師の講義の中でわかりづらい部分があるとします。そんな時は、あなたが補足資料を作成し講座の参加者をサポートする役回りをすれば、講師が単体で講義をするよりもさらに講義の価値がアップしているはずですので、講座自体の価格をより引き上げる正当な理由ができますし、何よりも、参加者の満足度もアップします。そして、あなた自身も堂々と報酬を受け取るこ

とができるはずです。

　他にも、さまざまな「代行」ビジネスのモデルが考えられます。以下を参考に、自分ならどんなスタイルが考えられるか、頭をひねってみてください。

【「集客代行サービス」の実践モデル】
□ 講師の対談を録画し「動画」で代行集客する
□ 講師のオンラインサロンやスクールを代行運営する
□ キャンペーンを企画しメルマガ集客を代行で担う
□ 講師と読者が直接触れ合える場（トークショー）をセッテイングする

etc.

見込み客にとっては講師よりも
あなたのほうが「近い存在」である

　「しかし、集客代行なんてポジションを取っていたら、その講師に顧客を奪われてしまうのではないか？」……もしかしたら、そんな危惧を抱いているかもしれませんね。でも、安心してください。ほとんどの場合、そんな心配は杞憂です。

　確かに、知識や実績はあなたよりも講師のほうが優れています。しかしながら、見込み客は必ずしも知識や実績を基準に自分のリーダーを決めているわけではないのです。むしろその講師は、あなたの見込み客からすれば「すご過ぎる人」「自分から遠い人」であり、近寄りづらいと感じていることも非常に多いのです。もしかしたら、あなた自身も講師の存在を知った頃に、同じような思いを抱いていたかもしれませんね。

　そういう「近寄りづらい人」との橋渡し役・サポート役としてあなたが見込み客に接してあげることで、あなたは見込み客から厚い信頼を得ることができ、大いに喜ばれるのです。

例えるなら、これは「保険の営業マン」に近いかもしれません。

保険は、難しくてわかりづらいものです。特に高齢者の方は、自分で直接保険のことを調べたりしようとはしません。こうした見込み客に対して親身に接して説明したり声をかけたりするところに、営業マンとしての価値があります。

そして、保険会社としても、こうした営業マンに対して価値を感じています。営業マンがいるからこそ、今まで顧客にならなかった層（＝「保険って何だか難しそう」と敬遠していた層）までもが顧客になっているわけですから。だからこそ、保険会社としてはお金を払ってでも営業マンに営業してもらいたいわけです。

以前、とある起業志望者の方より次のような相談を持ちかけられたことがありました。「自分が何をしたいのかわからず、起業のアイデアが思いつかない」と。もしかしたら、あなたもこんな悩みを抱えているかもしれませんね。そういう時は「あなた自身」を掘り下げるよりも、まず周囲を見回して「この人を応援したい」という存在を見つけてみるのも一案です。周囲のサポートをビジネスにしているうちに自らのビジネスモデルが見つかり、それまでの「代行」が役に立っているという人を、私自身何人も見てきています。

・・・・・・・・・・・・・・・・・・・・・・・・・・・

いかがですか？　起業というと「自分自身を商品にする」と考えがちですが、必ずしもあなた自身が商品でなくともビジネスは成り立ちますし、こうしたやり方であっても、WEBで仕組み化できるのです。

スガにもひと言言わせてください！
　インタビューで取材をしてコンテンツ化する流れは、有料無料を問わず、さまざまな市場で弊社が積極的に活用している方法です。また、自分に実績や認知がなくても、相手の認知度、実績が＋αの訴求となって売れます。

バックエンド商品設計　補講(2)
テストセールスで商品の完成度を確認

さて、いよいよ商品リリース間近という段階まで来ました。しかし、中には「いきなり販売を開始してしまって大丈夫かな？」と不安な方もいることでしょう。そのために行うのが、『テストセールス』です。

テストセールスで設計した商品の反応をみる

前項でバックエンド商品の設計がひと通り完了し、いよいよ仕組みで大きく売り出していくフェーズが見えてきました。しかし、本格的に仕組みづくりに入る前に、実はもう一つすべきことが残っています。本Stepの冒頭でもお伝えした、あなたが設計した商品が本当に見込み客に売れるかどうかを、小規模に販売して確かめることです。

「リリース前に販売するってどういうこと？」という声も聞こえてきそうですね。経験のない方は驚かれるかもしれませんが、商品を実際につくる前、あるいは開発後に実際に販売して反応をみることは、企業の商品開発などの際にごく普通に行われています。マーケティング用語では、一般に『テストセールス』と呼んでいます。

あなたの仕組みづくりに万全を期すために、このセクションの内容に従ってテストセールスを行い、商品のニーズが本当にあるかを実際に確かめてみましょう。それがStep②の最後のミッションです。

フェーズにより2タイプあるテストセールス

テストセールスといっても、その開発段階により大きく二つのテストに分類されます。混同しやすいので、ここで簡単に違いを説明しましょう。

一つは、商品完成前の段階でテストセールスを行い、反応があれば商品開発に進む『ドライテスト』、もう一つは、商品完成後、一部地域などで小規模なテスト販売を実施する『テストマーケティング』という手法です。現段階では、あなたの商品はとりあえず形にはなっているものの、まだ修正のきく状態ですので、ここであなたに行っていただくのは、『ドライテスト』になります。詳しい手法については、後ほどお話しします。

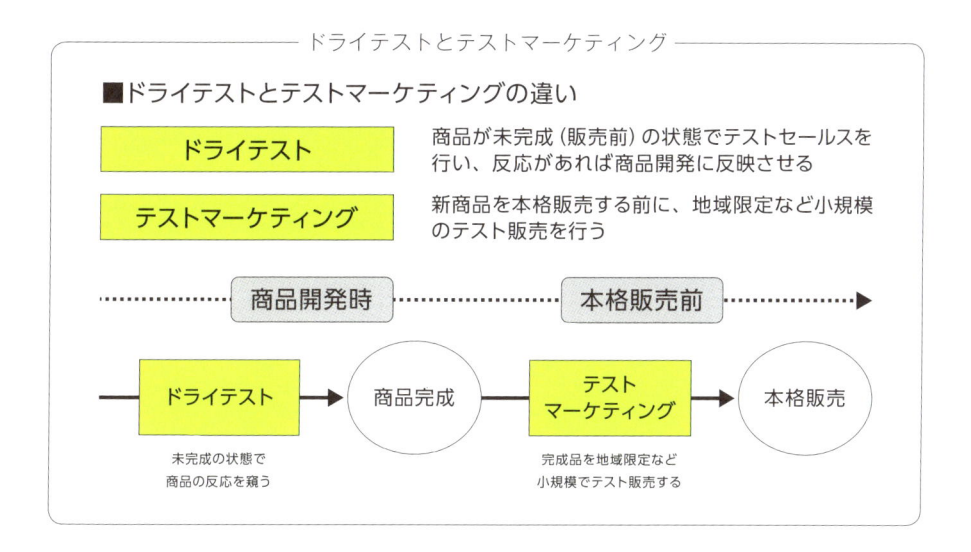

ドライテストとテストマーケティング

■ドライテストとテストマーケティングの違い

ドライテスト ── 商品が未完成（販売前）の状態でテストセールスを行い、反応があれば商品開発に反映させる

テストマーケティング ── 新商品を本格販売する前に、地域限定など小規模のテスト販売を行う

商品開発時　　　　　　本格販売前

ドライテスト → 商品完成 → テストマーケティング → 本格販売

未完成の状態で商品の反応を窺う　　　完成品を地域限定など小規模でテスト販売する

「気軽に考える脳」と「真剣に考える脳」

　では、実際にドライテストを行う前に、ここで少し想像力を働かせてみてください。

　商品が売れるかどうか不安なあなたが、見込み客に「この商品、どう思う？」と聞くとしましょう。見込み客はきっと、「すごく素敵だと思います！」と答えてくれるはずです。さて、ではこの見込み客は、実際に商品を買ってくれるのでしょうか？……それは、わかりません。買ってくれるかもしれませんし、買ってくれないかもしれません。

「すごく素敵だと思います！」と答えた見込み客が買わなかったとしても、その人がお世辞やウソをついているわけではありません。実は、<mark>人間の脳には「気軽に考える時用の脳」と「真剣に考える時用の脳」の２種類が備わっているのです</mark>。

　見込み客は、あなたから商品の感想を聞かれた時は「気軽に考える時用の脳」を使って返事をして、本当に買うかどうか悩む時は「真剣に考える時用の脳」を使っているのです。使う脳が変われば、導き出す結論が変わるのも仕方のないことです。

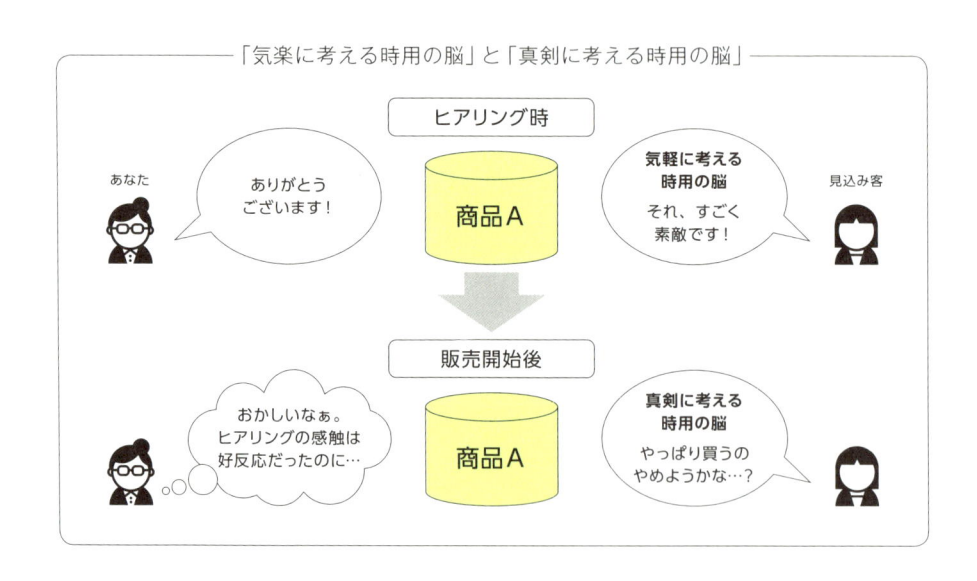

「気楽に考える時用の脳」と「真剣に考える時用の脳」

ヒアリング時

あなた
ありがとうございます！

商品A

気軽に考える時用の脳
それ、すごく素敵です！

見込み客

販売開始後

おかしいなぁ。ヒアリングの感触は好反応だったのに…

商品A

真剣に考える時用の脳
やっぱり買うのやめようかな…？

　こうした要素の他にも、人間の判断や思考には多くのブラックボックスが隠れています。ですから、見込み客があなたの商品を買ってくれるのかどうかを、事前にロジカルに予測しきることは不可能であると考えたほうがよいでしょう。

　もちろん、セールスの偉大な先人たちによって「こういう時にこういうパターンだと売れやすい」というデータは蓄積されていますし、ある程度の法則は明らかになっています。とはいえ、現実はあまりに複雑です。ですから、本当

に商品が売れるかを確かめるためには、商品を売るしかないのです。

　ぜひ、勇気をもって先に進んでみてください。

ニーズに沿って商品設計できていれば
あとは「添える」だけ

　「セールスって難しそう…」「売り込みたくない…」と、ハードルの高さを感じている方もいらっしゃるかもしれませんね。でも、安心してください。

　本書に沿って見込み客と対話し、ニーズに基づいた商品を設計してきたのであれば、テストセールスで凝ったテクニックを使う必要はほとんどありません。なぜなら、ここに至るまでの見込み客との対話、あなた自身の自己開示、権威性のアピール等によって、見込み客はあなたのことを「自分の話に耳を傾けてくれる、理念を持って活動している専門家」として認識してくれているはずだからです。

　極端な話、テストセールスで行うことは「商品を手渡すだけ」です。

　私はコンサルティングのクライアントさんによく「セールスは添えるだけ」と伝えます。見込み客ときちんと対話して、彼らのニーズに沿った商品をきちんと設計できていれば、あとはそれを差し出すだけで十分だ、という意味のメッセージです。あなたが見込み客の立場に立って考えることさえできていれば、シンプルな手順で驚くような結果が出るはずです。

　あなたが努力の成果を掴むまで、あと少しです。頑張っていきましょう。

商品はテストセールスの結果を踏まえて完成させる

　前述のように、『ドライテスト』は商品が100％完成する前に始めます。商品を100％つくり込んでからテスト（＝テストマーケティング）に望んだ結果、

一本も売れなかったら悲しいですよね。そうならないよう、経験を積み商品設計に慣れてきたら、商品がある程度の形になった時点で早めにドライテストに踏み切って、商品の残りの部分は顧客に価値提供しながらつくり込むのがおすすめの方法です。

　例えば私の場合、新規商品のプロモーションを始めようとする場合、まずPDF数枚に商品の概要やコンセプトを簡単にまとめ上げ、見込み客と対面で話す機会を設けてページを読んでもらいます。その際、あからさまな売り込みになってしまわないよう、レジュメに商品の価格は載せません。あくまでも「今度こういう商品をつくろうと思っているのですが、意見を聞かせてもらえませんか？」とヒアリングに徹します。

　肝心なポイントは、ここからです。もし、見込み客が本当に商品に関心を寄せてくれている場合、こちらがレジュメと口頭で商品の説明をしている途中で、見込み客から商品の価格を聞かれます。セールスレターがなくとも、商品のコンセプトがしっかりしていて説明が要点を押さえていれば、見込み客は前のめりになって「欲しい」と言ってくれるものです。もし見込み客が価格を質問してきた場合は、商品の価値をしっかり伝えた後にドライテスト限定の「特待価格」を開示して予約を受け付けます。

　一方、説明の最後まで価格を質問されなかった場合や、見込み客の表情がピンと来てなさそうであれば、問答無用で「出直し」です。要点を伝えても見込み客の関心を引けない商品は、長大なセールスレターを書いたところで売れないからです。その場合、「なぜピンと来なかったのか」を見込み客に確認して、商品を改善し、改めて見込み客に会いに行きます。この繰り返しによって、リスクなく売れる商品をつくることができます。

　すでにスクールやコミュニティを運営している方は、商品を一般公開する前に既存のメンバーに意見を伺って、特待価格で商品を先行案内してもよいでしょう。あなたに近い見込み客の反応をつぶさに観察して、商品設計に活かしてみてください。

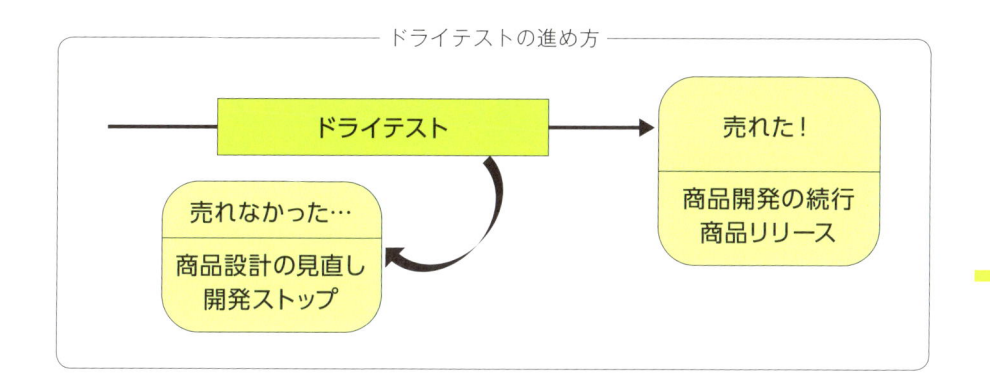

ドライテストの進め方

ドライテスト → 売れた！ 商品開発の続行 商品リリース

売れなかった… 商品設計の見直し 開発ストップ

見込み客の姿は見えているか？

本ステップの冒頭でも述べましたが、セールスと言っても、難しいテクニックを駆使する必要はありません。むしろ経験が浅い状態で高度なテクニックを使おうとしても、かえって言動や挙動が不自然になってしまいがちです。

ここまで丁寧にリサーチを重ねて見込み客の姿や欲求や行動パターンをしっかりとシミュレートしてきたあなたなら、見込み客が何を求めているのか、どんな言葉をかけてほしいと望んでいるか、自然とイメージできるようになっているはずです。次にあなたがすべきことは、見込客があなたの商品を購入してくれるよう淡々とセールスを実行する。そこに一点集中するのみです。

逆に、あなたが現時点で見込み客の姿や思考を明確にイメージできていない場合は、セールスであなたが望む結果が得られる可能性は低いでしょう。ほとんどの場合、セールスがうまくいかない原因は、見込み客に関する知識や洞察が足りないところにあります。

もし商品設計を終えた現時点でも「売れるイメージ」が得られていないなら、それは集客やマーケティングの知識が足りないためではなく、見込み客のリサーチが足りていないためです。万が一、あなたがそのような状態であれば、いま一度リサーチに立ち戻って見込み客の姿が明確にイメージできるまで調査を重ねることをおすすめします。

バックエンド商品設計　補講(3)
見込み客を落とす「3つのストーリー」

見込み客との距離を縮めることはセールスでは必須の要素。でも、どのように距離を縮めていけばいい？　そこで本ステップの最後に、テストセールスでも本番でも効果を発揮する『3つのストーリー』についてお話しします。

個別チャットで見込み客に「3つのストーリー」を語りかける

では、具体的にどのようにテストセールスすればよいのか、見込み客へのアプローチ方法についてお話しします。

私が推奨する方法は、オンラインの個別チャットで見込み客一人ひとりに商品を提案していくことです。リサーチの過程で、あなたは見込み客の一定数とSNS等の個別チャットでつながって言葉を交わしているはずです。個別チャットで見込み客にコンタクトを取ることで、シンプルにテストセールスを実施することができます。

個別チャットでは、見込み客にどのように声をかけるべきでしょうか？
まず、あなたがリサーチのために立ち上げたイベントに参加してくれたお礼を述べた後に「ストーリー」を語るとよいでしょう。あなたはここまで、見込み客と対話を深めて信頼関係を構築してきました。言い換えれば、あなたと見込み客の間にストーリーが紡がれたということです。あなたと見込み客の間に存在する、以下の3つのストーリーを語りかけてみてください。

【 1. 出会いのストーリー 】
まず語るべきは、あなたと見込み客が出会った経緯についてです。なぜ、出会った経緯を語るべきなのでしょうか。

これまで何度か述べてきたように、現代人は日々たくさんの情報に囲まれ

ており、どの情報に注目し、はたまたどの情報を信じればよいのかわからず困惑している状態です。そんな現代において、確かなことが一つあります。それは、「あなたと見込み客が出会った」ということです。現代人はスマホやPCを開けばいつでも大量の情報にアクセスできますが、人と人との出会いはコントロールできませんから、出会いそれ自体が価値と言えます。

出会いのストーリーを語ることで、見込み客はあなたとの出会いや、過ごした時間そのものに価値を感じて、その延長線上で、あなたが提案する商品にもまた特別な価値を感じてくれるのです。

【2. 見込み客とのストーリー】

次に、あなたと見込み客が出会ってから紡いできたストーリーを語りましょう。あなたと見込み客は、どんな対話を重ねてきましたか？　対話によって互いの人生にどんな影響を及ぼし合ってきましたか？　見込み客とのストーリーを語ることで、見込み客は自分自身のニーズや欲求を改めて思い出すとともに、あなたの提案に必然性が生まれます。「これだけ膝を突き合わせて自分の話に耳を傾けてくれて関わってくれたこの人の提案なら、聴く価値があるかもしれない」と思ってもらえたらしめたものです。

【3. 商品開発ストーリー】

最後に、あなたの商品が開発されたストーリーを語りましょう。あなたは見込み客と対話を重ねる中で商品のアイデアを得て、商品の完成に漕ぎつけたはずです。商品が産まれるまでの過程が重厚であるほど、見込み客は商品の背景に隠されたエピソードやドラマにエネルギーを感じて、高い価値を感じてくれるはずです。目の前に差し出された商品の開発に見込み客自身が少なからず関わってきたのだと自覚した瞬間、見込み客にとってあなたの商品は特別なものになることでしょう。

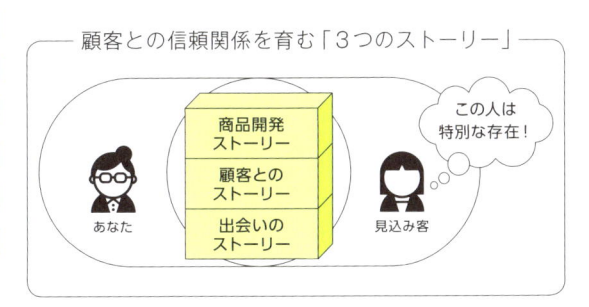

顧客との信頼関係を育む「3つのストーリー」

この人は特別な存在！

あなた

商品開発ストーリー
顧客とのストーリー
出会いのストーリー

見込み客

見込み客は人生が変わるきっかけを待っている

以上、「３つのストーリー」を語った上で、商品を差し出してみてください。商品の機能や、競合商品と比較した優位性を語るのではなく、あなたと見込み客のストーリーを伝えるのです。見込み客をあなたのストーリーに巻き込んで登場させることで、見込み客の臨場感が高まり、あなたの差し出す商品に強烈な魅力を覚えてくれることでしょう。

「本当に個別チャットで商品を差し出すだけでよいのだろうか？　高単価商品を売るとなれば、セミナーを開くとか、ステップメールを書くとか、そういったことが必要なのではないか？」と思われた方もいるかもしれません。しかし、実際に行っていただければわかっていただけるはずですが、すでに信頼関係がある見込み客には、シンプルでダイレクトな個別コミュニケーションが最も効果的なのです。

現代社会はあまりにも多くの選択肢で溢れかえっています。選択肢の多さが幸福につながるならまだしも、多くの人はかえって混乱し、麻痺し、立ちすくんでいます。そんな現代人が本当に求めているのは「他の誰でもない、自分のために用意された特別な提案」であり、迷いを断ち切って行動に踏み切るきっかけであり、人生を変えるドラマに飛び込むための勇気であり、「自分はこの商品を手にとるべきだ」という直感と確信なのです。

「私のため」の個別オファーこそが、混乱している現代人が最も求めているものなのです。見込み客に対して「ここまであなたと関わってきたすべてを踏まえて、この商品を提案します」と伝えることで、見込み客はきっとあなたの商品を手に取ってくれることでしょう。

修正を重ねて最速最短で売れる商品を完成させる

さて、テストセールスの結果はいかがでしたか？　これまで考えたことも無いような高額で商品が売れた人もいるかもしれません。あるいは、自信を持っ

て提案した商品が鳴かず飛ばずだった人もいるかもしれません。どちらの方もおめでとうございます。「売れなかった」という事実も、とても有益なデータです。目の前のテストセールスが振るわなかったあなたも意気消沈することなく、「自分はビジネスの成功に向けて大いなる一歩を踏み出したのだ」と前向きに捉えてください。

思うような成果が生み出せなかったあなたは、ここに至るまでの過程をていねいに振り返ってみてください。なぜ、想定通りの結果を出せなかったのでしょうか？

□ 見込み客の心理と欲求を正しく把握できていなかったのでしょうか？
□ 提案する商品の魅力が足りなかったのでしょうか？
□ 見込み客との対話で信頼関係を構築できなかったためでしょうか？

どこを修正すれば未来が変わりそうですか？　「成果の80%を改善する重要な20%」があるとすれば、それはどこでしょう？

本書を読み返しながら、一つひとつPDCAを回して修正を重ねてみてください。こうした過程は一見地味で遠回りに見えますが、実はこうして脳に汗をかいてマーケティングの勘を養っていくことこそが、結局のところあなたが仕組みづくりで成功する最短最速の道なのです。

なかなか思う成果が得られず苦しく感じる時もあるかもしれませんが、売れる仕組みを構築するためには決して避けることができない段階です。じっくり腰を据えて、取り組んでみてください。

スガにもひと言 言わせてください！

販売サイトは基本１種類ですが、個別に対応していくことで一人ひとりに合わせたセールスレターを言葉にして伝えることができます。100人が100人、自分のことだと感じるレターは難しいものがありますが、チャットや通話、対面を重ねることで、その人の悩みに対してピンポイントで道筋を示すことができるのは大きなメリットですよね。WEBをひとつのツールと捉え、仕組み化の中にアナログ要素をぜひ取り入れてみてください。

 ビジネスのコンセプトを目新しくするため、ニッチに絞り込みたいと考えています。ただ、具体的にどこまで絞り込むべきか迷っています。何か判断基準となるものはありますか？

 一つ、わかりやすい指標をお伝えします。「見込み客がそのキーワードでWEB検索するだろうか」という視点でニッチ領域を検討してみてください。

　例えば、あなたが「ペットのしつけコンサルティング」サービスを提供しているとして、適切なニッチ領域を探っているとしましょう。あなたの見込み客は「犬　しつけ」や「猫　しつけ」というキーワードで検索する可能性がありますが、「ダックスフンド　しつけ」「チンチラ　しつけ」で検索する可能性は低いでしょう。一般に、犬種や猫種によってしつけの作法が変わるとは考えづらいからです。

　一方、「老犬　しつけ」「野良猫　しつけ（迷い込んだ猫を家猫として飼う場合）」等であれば、ペットの年齢や背景によりしつけの難易度や作法が変わってくるため、検索される可能性はあるかもしれません。

　こうした仮説のもと、実際にキーワードの検索ボリュームをリサーチしてみてください。検索ボリュームが一定数あれば、仮説は正しいと判断できます。つまり、そのキーワードには需要があるということです。

　見込み客の頭の中にあるキーワードをイメージしてニッチ領域を適切に絞ることで、見込み客に伝わりやすいコンセプトに仕上がります。

Step ③

あなた独自の成功パターンを活かして仕組みを構築する

　Step ②を終えたあなたはテストセールスを完了し、設計したバックエンド商品が売れることを確認しました。いよいよ仕組みづくりに不可欠な「パズルのピース」がすべて揃いました。

　「売れる仕組み」と謳いながら、なかなか本題に触れず、回りくどく感じられたかもしれません。しかし、本当に売れる仕組みをつくるためには、相応の「仕込み」が必要です。

　それでは、ここまでのあなたの取り組みを踏まえて、本丸の「仕組み化」に入っていきましょう。

01 「売れる原理原則」を理解する

仕組み化の各論に入る前に、「見込み客はどのような流れで商品が欲しくなり購入に至るのか」という購買心理の全体像をおさえておきましょう。骨子や構造を知っておくことで「木を見て森を見ず」という事態を回避できます。

AIDMAの法則

「購買心理」を整理したフレームワーク（理解の枠組み）は複数存在しますが、本書では『AIDMAの法則』で考えてみましょう。AIDMAの法則とは、以下の要素の頭文字をとった法則です。

Attention	（注意）
Interest	（関心）
Desire	（欲求）
Memory	（記憶）
Action	（行動）

　見込み客はまず「注意」を惹きつけられ、次に商品に「関心」を持ち、「欲求」を掻き立てられ、商品やサービスについて「記憶」し、最後に「行動」して購入したり、問い合わせを行う……これが、見込み客が商品に出会ってから手に取るまでの一連の流れとなります。

購買心理のフレームワークで、見えなかったものが見えてくる

　あなた自身が商品（特に高額の商品）を購入した時の経験を振り返ってみてください。きっとこの流れに沿って、商品に出会い、興味関心を持ち、商品が欲しくなって、実際に購入に踏み切ったのではないでしょうか。

　例えば、あなたがWEBで出会ったビジネススクールに申込みをした経験が

あれば、きっと申込みに至るまでに以下のような経緯があったでしょう。

Attention（注意）：Facebookのタイムラインを眺めていた時、たまたま目にした広告に目を惹かれてクリック
Interest（関心）：広告をクリックした先のLP（ランディングページ）に関心を覚えて、メールアドレスを登録
Desire（欲求）：登録したアドレスに届くステップメールを読むうちに商品（スクール）の魅力を知り、「ここに参加すれば人生が変わるのではないか」と期待するようになり、強い欲求が生まれる
Memory（記憶）：スクールのセールスレターが公開されて、参加を迷ううちに頭の中が商品のことでいっぱいになり、記憶に定着する
Action（行動）：参加を決断して申し込む

このような「購買心理のフレームワーク」を一つ押さえておくだけで、売れる仕組みをつくる見通しはかなり立ちます。人間の脳の仕組み、物が欲しくなる心の仕組みは何万年も前からほとんど不変です。フレームワークどおりにアクションすれば、あらゆる仕組みづくりに活かせます。

購買心理を理解すれば、ライバルの良いところを吸収できるようになる

AIDMAの法則を頭に入れた上で、TVショッピングやWEB広告に目を向けてください。優れたマーケティングやセールスは、ほとんどAIDMAの法則に従って構成されていることに気が付くかもしれません。

あるいは、あなたのライバルや競合が商品を売っている仕組みを覗いてみてください。フレームワークという視点が一つあるだけで、その構造をだいぶ理解しやすくなっているのではないでしょうか。フレームワークをもって眺めることで、ライバルが何を狙って言葉を発しているのか、情報を提供しているのかが手に取るようにわかると思います。理解できれば、あなたの仕組みづくりにも取り込むことができます。ライバルの良いところをどんどん理解・吸収して、あなた自身の仕組みをパワーアップさせていきましょう。

あなた独自の「勝ちパターン」を仕組みづくりに活かす

「データ野球」という言葉があります。過去の選手の統計的な実績を元にゲームを組み立て有利に進めるという考え方です。売れる仕組みづくりにおいても、この考え方を取り込むことで成功する可能性を高めることができます。

人にはそれぞれ独自の『勝ちパターン』が存在する

さて、質問です。あなたのこれまでのビジネス経験の中で「このパターンに持ち込めばほぼ九分九厘勝てる」というパターンはありませんか？　逆に、「このパターンに陥ってしまうと、うまくいかないことが多い」というケースもあったりしませんか？

例えば私の場合、勝ちパターンの一つに「セールスレターを使ってベネフィットのわかりやすいセミナーコンテンツを販売する」というものがあります。これまでのセールス成績を振り返ってみると、なぜかははっきりとはわからないのですが、このようなパターンの時にセールスの成績が好調なことが結構多いのです。

逆に負けパターンは「関係性の薄い見込み客に対面でサービスをクロージングする」ことです。初めて顔を合わせた見込み客の方やそれほど信頼関係が構築できていない方に対して、個別相談やセミナーで商品やサービスをセールスすると、大変なストレスを感じるとともに、優れた成果も生み出せない傾向があります。私も過去には、セールスのコンサルタントの方にコンサルティングをお願いして苦手意識を矯正しようと頑張った時期もあったのですが、結局芳しい成果を得ることはできませんでした。

このように、人にはそれぞれ「うまくいく」パターンと「うまくいかない」パターンがあるものです。本書を読んでくれているあなたにも、きっとある

のではないでしょうか。そして、あなたの仕組みをつくる際には、あなたの「勝ちパターン」を存分に活かした仕組みを構築してほしいのです。

『勝ちパターン』に集中することで
全体のパフォーマンスが向上する

　例えばあなたが私と真逆に、初めての見込み客と個別にお茶をして仲良くなることが大の得意であれば、仕組みの中に「見込み客と直接コンタクトする」という要素を入れ込んでみてください。

　「WEB集客の自動化を考えているのに、それでは意味がないのではないか」と思われる方もいるかもしれません。しかし、いくらWEBの仕組みを構築するといっても、あなたが持つ強力な武器を活かさない手はありません。あなたが人より優れていることはどんどん活かしていきましょう。

　「苦手なことは、勉強して訓練して克服する」ことも時には必要かもしれません。しかしこれまでの私の経験上、「苦手なことを頑張って何とかしよう」としてうまくいったためしはあまりありませんし、私のクライアントもまた同様です。

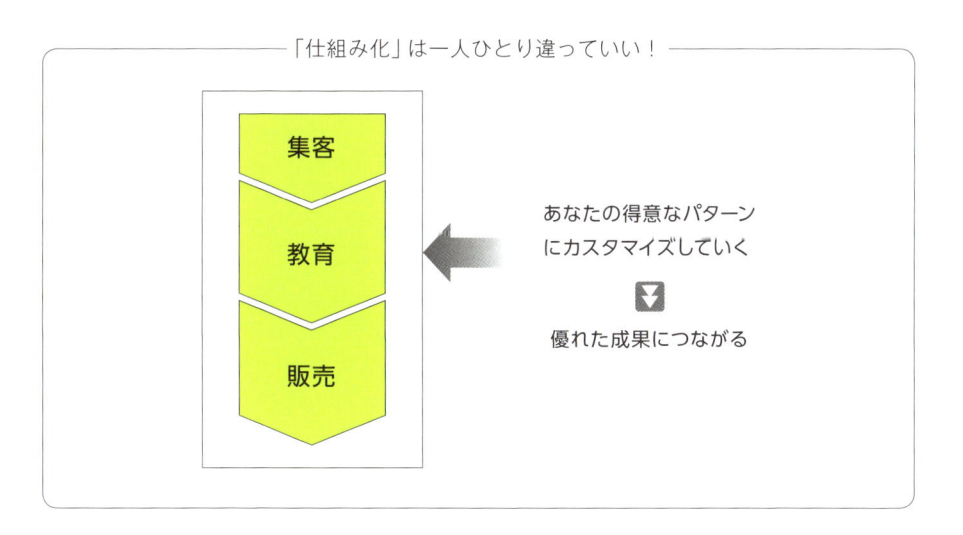

「仕組み化」は一人ひとり違っていい！

集客
教育
販売

あなたの得意なパターン
にカスタマイズしていく

優れた成果につながる

人は得意なことであれば楽しめますし、成果も出やすいものです。すると
さらに頑張るモチベーションが生まれて、スムーズに前に進んでいける傾向
があります。

　逆に苦手なことは気分が進まず、成果も生まれにくいためモチベーション
を保つことが難しい傾向があります。

　我々はロボットではなく人間です。機械のようにすべて割り切ることがで
きればいいですが、苦手なものにはどうしても感情がネガティブに働いて、
うまくいかないことも多々あります。したがって、こうした感情的な面もケ
アした上でビジネスを設計していったほうが、絶対うまくいくと私は常日頃
感じています。

『勝ちパターン』が見えたらはじめて仕組み化する

　そろそろ本論に入りましょう。大切なことは、あなたが「ここに持ち込んだ
らいつもラクに成功するんだよな」という勝ちパターンが見えたら、そこではじめて仕組み化を考えてほしいということです。

　なぜ、「売上を安定させたい」「売れる仕組みをつくりたい」と強く願いな
がらも、実現できる人が少ないと思いますか？　それは、自分自身に最適な
仕組みづくりをしていないからです。

　多くの方法論では、まず「この仕組みをつくるのが先決です」といったノウ
ハウありきで話を進めています。しかも、さまざまな個性を持った人たちを
十把一絡げに一つの枠組みに押し込めようとしますよね。そんなやり方では
思うような成果が生み出せませんし、枠組みに押し込められた人たちにもス
トレスが発生したりするのは当然のことと言えます。

　そんな状態にならないよう、仕組みづくりの前にまずあなたがすべき、と
ても重要なこと。それは「あなた自身を知ること」です。

あなた自身の特性や資質、得意なことと苦手なこと、なぜかはわからないのだけれど不思議といつもうまくいくこと……こうしたパターンを体系的に整理し、それからそのクセを活かす形で仕組み化していく。このプロセスに取り組むことではじめて、頑張らずに成功できて、しかもライバルの誰にもマネできない「売れる仕組み」が完成するのです。

間違っても、いきなりすべてをオートメーション化しようと考えてはいけません。必ず、最初は手動でいろいろとテストを繰り返しながら、上手くいくもの、上手くいかないものにふるい分けてください。そして、成功しやすい勝ちパターンだけをピックアップして、そこをどんどんと仕組み化していくのです。

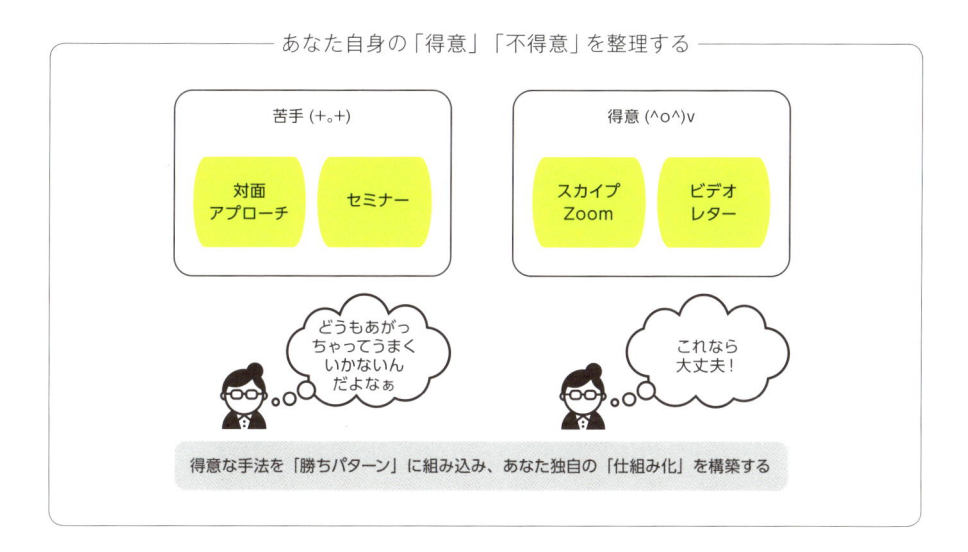

あなた自身の「得意」「不得意」を整理する

苦手 (+。+)
対面アプローチ
セミナー

得意 (^o^)v
スカイプ Zoom
ビデオレター

どうもあがっちゃってうまくいかないんだよなぁ

これなら大丈夫！

得意な手法を「勝ちパターン」に組み込み、あなた独自の「仕組み化」を構築する

「仕組みは誰のためのものか」を意識する

ここで一つ、仕組み化で成功するためのマインドセットを紹介します。それは、「仕組みとは、社会により効率的に価値を届けるためのものである」というマインドセットです。

「売れる仕組みがほしい」という思いはとても大切ですが、それだけを念頭に走り出してしまうと、どうしても自己本位な仕組みになってしまいます。お客様を置いてけぼりにした仕組みが売れることはありません。

　仕組み化とは本来、身体が一つしかないあなたの限界を超えて、社会により多くの価値を確実に効率的に届けるためになされるものです。このマインドを忘れなければ、まず「あなたが得意なこと、人から喜ばれること」を特定した後にはじめて仕組み化を施す、という順番が腑に落ちるのではないでしょうか。

　大切なことは、まず「あなた特有の価値とは何か」という問いへの答えを見出すこと。そして、「自分自身の価値を、社会により効率的に広めていくためにできることは何か」という問いへの答えとして、仕組み化を施していくことです。

　例えば、あなたが提供するコンサルティングサービスがお客様に喜ばれたとしましょう。それは、「あなたのサービスは世に広める価値がある」ということを意味します。

　ところが、コンサルティングサービスは対面サービスのため、提供できる人数には限りがあります。クライアントが3名程度であれば問題なかったサービスも、20名や30名に提供することはかなり困難を極めます。あなた自身の身体は一つしかないのですから。

　さて、どうしようか…？となりますよね。ここではじめて仕組み化を考えるのです。自分のコンサルティングという価値をより世の中に広めていくためには、どのような仕組み化を施せばベストなパフォーマンスを発揮できるだろうか…？

　その問いへの答えは「教材（コンテンツ）化」かもしれませんし、はたまた「オンラインスクール化」かもしれません。あるいは「FC（フランチャイズ）化」かもしれません。

このように、適切な順番で考慮され、構築された仕組みというものは必ず成功します。なぜなら、世のために考え抜かれた仕組みは、社会に受け入れてもらえるからです。

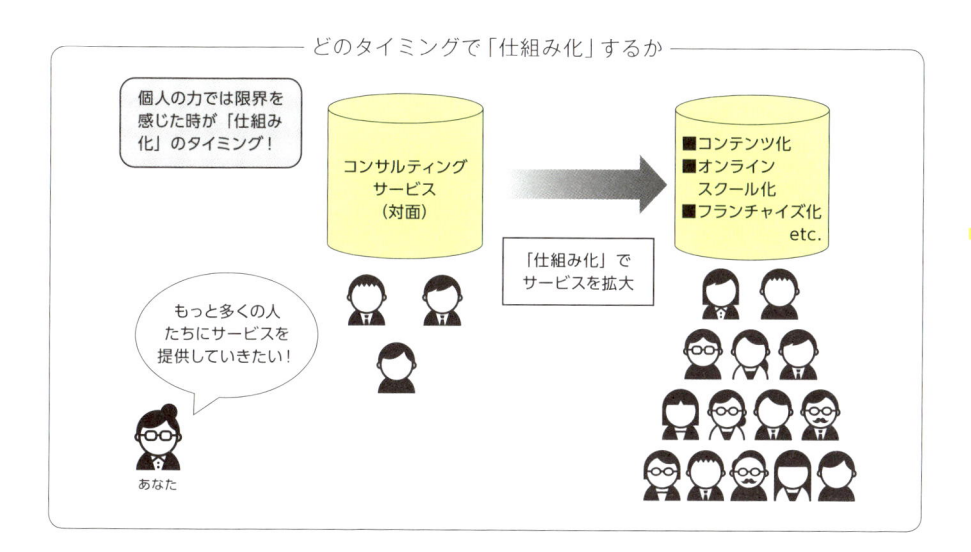

　いかがでしょう？　まずはあなたの得意なアプローチ法を整理し、あなたの「勝ちパターン」の仕組みづくりをしっかり構築して、ビジネスのアプローチにぜひとも活用してください。

スガにもひと言 言わせてください！

　得意なことや好きなことは1日でできても、苦手なことは10日経ってもなかなか進まない。こんな経験がある方も多いと思います。そこで自分が苦手なことを得意としている人と組むと、物凄いスピード感でビジネスが構築できます。何が得意で何が苦手か？　ひと通り経験した上で振り分けるのもポイントで、パートナーに任せる際の敬意がガラっと変わります。
　例えば、「60分の講義動画を1分でササっとダイジェスト版で編集しておいてね！」という言葉は絶対に出てこなくなります。また、僕の勝ちパターンを一つ挙げるとすれば、クライアントに結果を出してもらった後に、そのクライアントと一緒に組んで仕掛けるという流れです。互いのスキル補填というライトな関係性ではなく、大前提で信頼関係があるために、物事が円滑に進むという実体験があります。

03 あなたのビジネスを「仕組み化」する全体像の捉え方

「自分の勝ちパターンに則り仕組みを構築するのはわかった。でも、それをどう仕組み化して行けばいいのか？」と困っているかもしれませんね。いよいよここからは、売れる仕組みづくりのコツやポイントを解説していきます。

仕組み化は「集客」「信頼関係構築」「販売」に切り分けて考える

　「さぁ、これから仕組みをつくるぞ！」と意気込んでいるあなた！　何かまだ足らなくないですか？

　そうです。肝心の「売れる仕組み」の全体像について、まだ一言もお話ししていません。この一連の「売れる仕組みづくり」のための全体像が理解できていなければ、いったい何から手をつければよいのかわからないですよね。

　ということで、ここでは売れる仕組みを「集客」「信頼関係構築」「販売」の３つに切り分けて考えていきます。この世に存在するおおよそのビジネスはこの３要素で成り立っていますから、まずはこのフレームワークで考えてみましょう。

　次のページに示す図は、見込み客と出会う瞬間から商品の購買に至る全体的な流れをマッピングしたフローチャートです。

　先に解説した購買心理「AIDMAの法則」と「集客」「教育」「販売」の対応、そしてそれぞれの段階における代表的なツールを整理してみました。

　おおまかに言って、Attention（注意）からInterest（関心）の喚起は「集客」の仕組みが担当し、Interest（関心）からMemory（記憶）の喚起は「教育」の

仕組みが担当し、Desire（欲求）からAction（行動）の喚起は「販売」の仕組みが担当します。

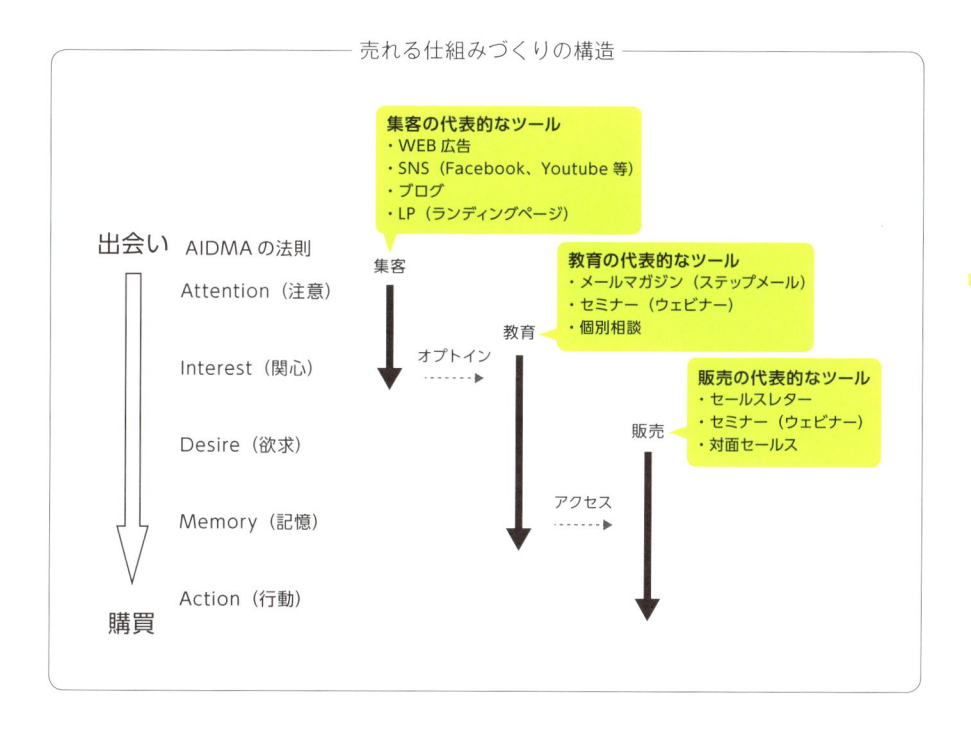

売れる仕組みづくりの構造

集客の代表的なツール
・WEB広告
・SNS（Facebook、Youtube等）
・ブログ
・LP（ランディングページ）

教育の代表的なツール
・メールマガジン（ステップメール）
・セミナー（ウェビナー）
・個別相談

販売の代表的なツール
・セールスレター
・セミナー（ウェビナー）
・対面セールス

出会い

AIDMAの法則

Attention（注意）

Interest（関心）

Desire（欲求）

Memory（記憶）

Action（行動）

購買

集客

オプトイン

教育

販売

アクセス

こうした全体的な流れをしっかりと念頭に置いた上で、この後にお話しする各論の説明を読み進めてください。

スガにもうひと言 言わせてください！

　売れるかどうかは仕組みで決まる部分が非常に大きいです。例えば、企画が確定した時点で100%商品を売れるようにしたければ、複数人のリストオーナーを対象にインタビューを録って動画や音声というコンテンツを作ります。コンテンツ制作から販売までの準備をすべて終えた後、リストオーナーに告知をしてもらうことでその人の認知・実績・信頼の元に一定数の商品が売れていきます。インタビューの対象者がコンテンツホルダーかつリストオーナーであるという2つの条件が重なれば実行可能。弊社では時流に合わせて見せ方を変えつつも、10年以上活用しているパターンです。

集客を仕組み化する（1）
メディア候補をリサーチする

Step ①で、SNS等の知人を対象としたイベントを打ち立てることで見込み客との接点を生み出しました。ここからは、その時の成功を思い出していただきながら、まだ見ぬ見込み客と出会う流れを仕組み化していきます。

あなたの見込み客はどのメディアを
ひんぱんに利用しているか

集客を仕組み化する上でまず考えるべきこと。それは、「どのメディアを使って集客するか」ということです。

「メディア」とは、わかりやすく言えば「人が集まっている場所」です。世の中にはさまざまなメディアが存在します。テレビ、新聞、ミニコミ誌……。WEBであれば、FacebookやTwitter、InstagramといったSNSがおなじみでしょう。これらはすべて「メディア」であり、「人が集まっている場所」です。

では、どういう基準で集客メディアを決めるのがベストだと思いますか？

まず最優先して候補に入れるべきは、「あなたの見込み客が普段から訪れているメディア」です。テストセールスやこれまでのビジネス経験の中で、あなたの顧客になる可能性が高いペルソナは、普段の生活の中でどのようなメディアを好んでいますか？　いくつかピックアップしてみてください。それが、あなたがこれから攻略すべきメディアを判断する最も大きな基準です。

そして次に、候補となるメディアをリサーチしてみてください。あなたと似たようなビジネスをしている人はそのメディアにいるでしょうか。例えばあなたが「コピーライティング」のノウハウを発信しているとして、同じようなライバルはメディアにいるでしょうか？

そして、そのライバルは集客に成功していそうでしょうか？　動画の再生回数や更新頻度、更新期間などを参考にして、ライバルがどれほど活発に活動しているかを調べてみてください。もし、複数の類似するライバルが活発に活動しているのであれば……

　おめでとうございます！　あなたもそこに参入することで、集客に成功できる見込みは高いでしょう。

　「え？　ライバルが多いということは、それだけ競争が激しくて参入できないということでは？」と疑問に思われている方もいらっしゃるかもしれません。しかし、直感に反して、ライバルが多ければ多いほど、あなたも成功しやすいのです。

　なぜなら、<mark>複数のライバルがそのメディアで集客に成功しているということは、そのメディアにはそれだけの「器」があるということ</mark>になるからです。

　すでにN人のライバルがそこで活動できているのであれば、あなた自身がN＋1人目としてそのカテゴリに参入しても、集客のパイを得られる可能性は十分高いと考えられます。また、あなたがそのメディアで情報を発信することで、そのカテゴリがより一層盛り上がることも考えられます。

　ひるむことはありません。正々堂々と、レッドオーシャンに乗り込んでください。

スガにもひと言 言わせてください！
　レッドオーシャンに飛び込むのは定石で、それだけ販促網のインフラが整っていると言い換えることができます。また、レッドオーシャンにはアフィリエイターのような販促協力をしてくれる人も大勢いるのが特徴です。さらに現実的な話をすると、飛び込んでも実際に行動するのは2割、さらに継続するのはその中の2割。つまり4％しかいません。レッドオーシャンというのは表層上の仮の姿であるケースが多いと知っておきましょう。

集客を仕組み化する(2)
集客するメディアを絞り込む

あなたの見込み客が利用するメディアを特定できたら、今度は絞り込みを行います。その数は、あまり多くないほうが好結果へとつながります。なぜ、たくさんの導線を用意してはいけないのでしょうか?

集客に活用するメディアは2本以内に

集客を仕組み化するのであれば、攻略するメディアを一つか二つに絞ることを強くおすすめします。逆に言えば、多くの種類のメディアから散発的に集客を試みるというアプローチは推奨しないということです。多数のメディアから散漫に集客したのでは、集客ノウハウが積み重なっていきません。

実は、集客に限らずビジネス全般に通ずることですが、集客をするには『PDCA』が基本となります。『PDCA』とは、Plan(計画)、Do(実行)、Check(分析)、Action(改善)を指します。

集客は一発でいきなりうまくいくほど容易なものではありません。実際にはコツコツと改善を積み重ねることで、はじめてライバルを上回る成果を生み出すことができるのです。ですから、多数のメディアに目移りしている余裕はありません。そんなことをしていてはエネルギーが散逸してしまいます。

一つ、多くても二つのメディアを自分のプラットフォームと決めて、そのメディアを攻略することに時間とエネルギーを集中させてください。

メディア攻略のカギは「積み重ね」にあり

集客メディアを選ぶ時は、「積み重ね」という視点を意識してください。
「積み重ねの視点」とは何かというと、「このメディアを頑張って攻略していっ

たら、今日より明日、明日より明後日、どんどんラクになっていくだろうか？」という視点です。

そのメディアにこれからあなたがコツコツとコンテンツを投下していくことで、あなたの元に集まるアクセスは本当に日々着実に増えていくのか？　メディアに参入するかどうかを判断する基準として、「積み重ねになるものはあるだろうか？」と自分に問いかけてみてください。

例えば、ブログ記事であれば、読者のニーズを意識して質の高い記事を書けば、その記事は今後ずっとあなたのブログにアクセスを呼び続けてくれます。しっかりとリサーチして書かれたブログ記事は、資産性の高い集客メディアになるということです。

どうせ頑張るなら、今日より明日、明日より明後日がラクになる「積み重ねの努力」に力を注ぎたいものです。だからこそ、積み重ねという視点を大事にしてみてください。

メディアで積み重ねるものを意識すると集客効率が最大化する

さて、ここで一つ注意してほしいことがあります。それは、積み重ねるものは必ずしもアクセス数とは限らない、ということです。どういう意味でしょうか？　例として「Facebook」で考えてみましょう。

あなたはFacebookというメディアには資産性があると思いますか？　Facebookを普段から眺めている方はご存知と思いますが、タイムラインに頑張って記事を投稿しても、半日もすると記事がどんどん流れていってしまって、すっかり埋もれてしまいます。

では、記事が蓄積されないということは、Facebookは資産性の低いメディアなのでしょうか……？

いいえ、必ずしもそうとは限りません。というのも、確かにFacebookの投稿はすぐにタイムラインに埋もれてしまいます。が、Facebookというメディアを活用して友達やフォロワーとの交流を深めていくことで、「見込み客との関係性」という資産は積み重なっていくからです。

　「いいね！」やフォロー、友達申請といったエンゲージメント（関係）があることで見込み客との関係が深まったり、あるいはあなたの投稿がシェアされて拡散していくことで、これまで接点がなかった新たな見込み客との接点が生まれていきます。

　つまり、Facebookの場合、積み重ねていくのは「記事」ではなく「影響力」や「関係性」なのです。

　ですから、「このメディアにおける積み重ねとは、いったい何だろうか？」と常に自問して、そのポイントを意識してメディアを攻略していってください。そうすることで、集客の効率を最大化することができます。

　例えば、「Facebookの積み重ねは影響力にあり！」と頭に置きながらFacebookを運用することで、投稿の質が変わります。「何となく」での投稿と、

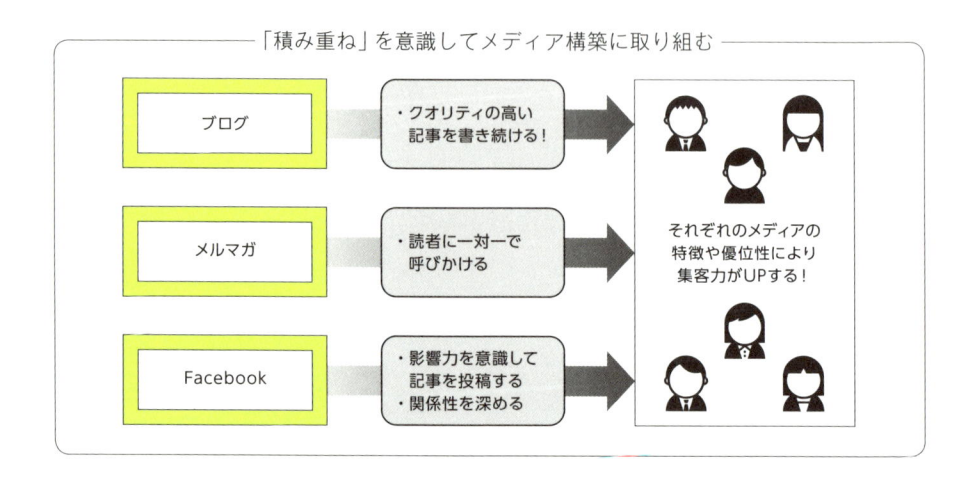

「積み重ね」を意識してメディア構築に取り組む

ブログ	→	・クオリティの高い記事を書き続ける！	→	
メルマガ	→	・読者に一対一で呼びかける	→	それぞれのメディアの特徴や優位性により集客力がUPする！
Facebook	→	・影響力を意識して記事を投稿する ・関係性を深める	→	

「要は、影響力を高める投稿をするのが自分の仕事なのだ」と理解した上で行う投稿とでは、きっと集客の効率は段違いになることでしょう。

大切なことは、==すべてのメディアにはそれぞれの「積み重ね方」があるという==ことです。ブログであればクオリティの高い記事を書くことが積み重ねとなりますし、Facebookであれば影響力のある投稿を行って見込み客との関係を深めることが積み重ねとなります。メディアの特性を見極めた上で、使いこなしてください。

▌ 天邪鬼に振る舞うことでチャンスが生まれる

ここまで読んでいただければおわかりの通り、「このメディアは良い」「このメディアは駄目」という絶対的な基準があるわけではありません。

一般的に資産性が高いメディアと言われるブログであっても、一過性のトレンドニュースばかり書いていては、一時的には大量のアクセスを導けたとしても、旬が過ぎた記事はすぐにアクセスが途絶えて積み重ねがききません。結局のところ、メディアを生かすも殺すもあなた次第なのです。

逆に言えば、==巷で「このメディアは駄目だ」という評判や風潮が生まれたならチャンスです==。なぜなら、ライバルの多くが見切りをつけて撤退したメディアで「積み重ね」を意識して運用していくことで、一人勝ちの状態をつくることが可能になるのですから。

自分なりの基準を持って天邪鬼に振る舞うことで、圧倒的な成果を生み出しましょう。

スガにもひと言 言わせてください！
　天邪鬼と言えばPodcast。ビジネスツールとしてほとんど注目されることなく書籍も2006年以降出ていません。ですが、僕は毎週日曜日に休日会議という番組を配信し、大勢の新規獲得とリピートに繋がっています。

集客を仕組み化する(3)
メディアの注目度を高める視点

集客メディアを決めたからと言って、闇雲に記事やメルマガを配信していけばよいというものではありません。あなたはメディアを通じて見込み客の興味を引く必要があります。ここでは、そのための視点についてお話しします。

メディアに潜在している見込み客の心理に目を向ける

　集客を成功させる上で重要なポイントを、さらに一つお伝えします。それは、「集客メディアに内在する見込み客の心理状態にフォーカスすること」です。

　例えば、googleで検索している人は、特定の情報を求めて能動的に行動しています。検索ユーザーの心の中には「これを知りたい！」という明確なニーズがある、だからこそ、検索という行動を起こしているわけです。

　一方、Facebookを眺めている人は、特に何かを求めているわけではなく、何となくタイムライン（投稿）を眺めていることがほとんどですよね。

　なぜ、メディアに潜在している見込み客の心理に目を向ける必要があるのか？それは、見込み客の心理状態を想像することで、効果的な集客コンテンツやアプローチを取ることができるからです。

　あるメディアを使用している見込み客が心に明確なニーズを抱えているのであれば、あなたがすべきことは「見込み客のニーズに的確に答えるコンテンツをそのメディアを通して提供すること」です。そうすれば、見込み客は満足するとともに、自分を満足させてくれたあなたにも興味を持ってくれるに違いありません。見込み客の信頼を獲得できれば、その後の売上にもつながりやすくなります。

一方、「何となく眺めている」という心理状態の見込み客が集まるメディアから集客したい場合は、注目を惹くためにそれなりの工夫が必要です。見込み客は日々多くの広告にさらされていますから、平凡な呼びかけ方をしても注目してもらえる可能性は低いでしょう。

　人間は、その対象に注目するかどうかを0.3秒で見分けると言われています。半ば無意識の状態で「自分はこれに注目すべきだろうか」という判断を瞬間瞬間で下しているのです。

　もし、そんな状態の見込み客に対して、一目で「これは広告だ」とわかる情報を発信したらどうなるでしょうか？　きっと、見込み客は「ああ、いつものだな」と無意識に判断して、あなたの発信する情報をそっけなく無視することでしょう。であれば、一見して広告とわからないような工夫を施して見込み客にコンタクトすべきです。

　ここで、特に散漫な心理状態の見込み客の注意を惹きつけて接点をつくり出す上で少なからず参考になる資料をお渡しします。

コンテンツをブラッシュアップする Attention（注目）のリスト

　以下は、私がこれまで数100のWEBプロモーションを分析して作成した「Attentionのリスト」です。Attentionは「注目」という意味です。見込み客の注意を惹きたければ、このリストを参照しながら、見込み客に注目してもらうためのブログタイトルやSNS投稿のアイデアを考えてみるとよいでしょう。

Attention（注目）のリスト

1.「ベネフィット」と「キャッチーな未来像」
　「あなたの利益（ベネフィット）になる情報がここにありますよ」と知らせることで、注意を惹きつけます。あるいは、イメージしやすいキャッチーな未来像を伝える情報も人は無視できません。「自宅でPC一台で副業」と

いう表現は、副業の情報を探している人にはイメージしやすいです。見込み客にフォーカスしやすいキーワードを組み込むことがポイントです。

2.「痛み」と「空白の指摘（不安）」

「あなたにはこれが不足しています、だから問題が解決しないんです」という訴え方で興味を惹きつけるパターンです。普段から見込み客を悩ませている問題や不安、痛みをつつくことで反応を得るアプローチ法です。

3.「違和感」と「シュール」

このパターンは上級者向けかもしれません。一言で言えば「目立つ」ということです。

例えば、就職の合同説明会でリクルートスーツに身を包む学生の集団の中に一人だけアロハシャツの人が混じっていたら、否が応でも目を惹きますよね。その注目のされ方の良し悪しはさておき、上手に使えば競合ひしめくレッドオーシャンでも高い反応を得られる、というアプローチです。

4.「刺激」と「好奇心（求知心）」

見込み客に「何これ、知りたい！」と思わせる情報を発信するアプローチです。「覗いてみたい」という興味を掻き立てれば、見込み客を立ち止まらせることができます。

5.「権威」と「実績（顧客の声）」

例えば、我々は「白衣を着た人」を見ると無意識のうちに「この人は医者だ」と感じて、その人の言葉を信用する確率が高くなるのだそうです。見込み客が権威と感じる売上などの実績や、顧客から支持されていることを示す感想文を広告に盛り込むことで、反応率を高めることが容易になります。

6.「数字」と「データ」

人は主張ともに具体的な数字を提示されると、その主張に説得される確率が高くなります。この性質を利用して、見込み客の注意を惹きつけます。

7.「ニュース」と「緊急性」

「ここに最新のニュースがありますよ」「新たに発表します」「今だけ限定」といった要素を示すと、反応率が高くなる傾向があります。

8.「事例」と「ストーリー」

　人は単なる情報よりも物語仕立ての語り口のほうがより理解でき、信用する傾向があります。この心理を利用し、反応率を高めることができます。

9.「解決策」と「ノウハウ」

　「あなたの問題を解決できる、これまでになかった新しい方法がここにあります」と言われると、問題を解決したい見込み客はその情報を無視することができません。その心理をうまく活用します。

　以上がAttentionのリストのポイントです。

　このリストを活用して注目を得ることに成功したからといって、気を抜いてはいけません。むしろここからが本番です。見込み客の注目が他に逸れないうちにニーズを喚起し、あなたの商品を購入してくれるまで見込み客の注目を引き続ける必要があります。

　「どのような順番でどんな情報を渡せば、見込み客を飽きさせずに購入に至るまで誘導することができるのだろうか？」とあなたは考えているかもしれません。そんな時こそ、以前のページで解説した「AIDMAの法則」が役に立つのです（☞Step ③-1）。人間の購買心理に則り、あなたの見込み客に情報を渡してみてください。あまりの効果に驚くかもしれません。

　いかがですか？　効果的に集客をするためには、まずどのメディアを攻略するかを決めることが大切です。そして、メディアに滞在している見込み客の心理状態を踏まえた上で、適切なアプローチをする。そうすることで、注目を集めた打ち手が顧客から求められるのです。

スガにもひと言 言わせてください！
　常日頃、色々なオファーを見て触れるようにしましょう。「またこのパターンか」と感じ取れるようになったらチャンスです。どんなパターンでも全員が全員利用すれば、一辺倒で注意を引くことができません。周囲を熟知して予期せぬ変化球を投じれば「そうきたか！」と興味付けが図れます。

Step ③
07
集客を仕組み化する（4）
見込み客の心を一瞬で奪うには？

ここまで、集客の仕組みづくりについて細かいテクニックをお伝えしてきました。が、見込み客はファーストインプレッションで情報を選別します。その際に、見込み客の心を鷲掴みにするものが、運命の分かれ目となるのです。

あなたの見込み客が無視できない
「キーワード」を打ち出せ

Step①のリサーチの項でも述べましたが、本当に大切なことなので、ここでも繰り返します。集客では必ず「キーワード」を明確に打ち出してください。

集客をしたいあなたは、まだ見ぬ見込み客と出会うための接点を何としても創り出したいと考えていることでしょう。ところが、常日頃から多くの情報に晒されている現代人を振り向かせることは、決して簡単ではありません。

現代人は、情報を目にしてからほんの0.3秒ほどでその情報が自分に関係あるかどうかを無意識レベルで判定します。そして、「この情報は自分には関係ないな」とジャッジした瞬間に無視します。そうでもしなければ、溢れるような情報の渦に飲み込まれて頭がパンクしてしまうからです。

厳しい戦いではありますが、私たちは出会い頭のコンマ３秒で、見込み客にとって「無視できない存在」になる他ないのです。

では、どうすればそんな存在になることができるのでしょうか。そのカギが「キーワード」なのです。あなたの見込み客を0.3秒で惹きつけるには、見込み客が決して無視できない、思わず振り向いてしまう「キーワード」を見込み客の耳元でそっと囁けばよいのです。キーワードが見込み客にヒットすれば、見込み客の脳は「情報収集モード」に切り替わって、あなたの発するメッセー

126

ジに注意を振り向けてくれるはずです。

　逆に言えば、見込み客は関心のないキーワード、頭の中にないキーワードには一切反応しません。見込み客にとって関係ないキーワードや情報はすべて「ノイズ」として無視されてしまいます。ですから、集客では「あなた（売り手）が言いたいこと」ではなくて、「見込み客の頭の中にあるキーワード」を打ち出す必要があるのです。

　さて、あなたの見込み客が思わず目を留めてしまう「キーワード」とは、いったい何でしょうか？

　ヒントはいつも見込み客の頭の中にあります。彼ら彼女らの脳内では、日常どんな会話が繰り広げられているでしょうか。見込み客の頭の中をシミュレーションして、特に見込み客が高い関心を持つであろうキーワードをピックアップしてみてください。

　そのキーワードは「ダイエット」かもしれませんし、「起業」かもしれません。あるいは「腱鞘炎」や「手汗」かもしれません。これまで見込み客のリサーチを重ねてきたあなたなら、きっと思い当たるところがあるはずです。

　あなたがSNSを使って集客するのであれ、ブログを使うのであれ、見込み客を惹きつけるために最も重要なポイントは「見込み客の頭の中にあるキーワード」を狙って情報を発信することです。

　極論、集客はキーワードだけ考えればそれで十分です。残りのすべては、キーワードの重要性に比べればすべて瑣末な問題です。

　「集客って、そんなにシンプルでいいの？」とちょっと疑っているあなたも、試しに「キーワード」だけに集中して、フロントセミナーのタイトルを打ち出したり、SNSの投稿をしたり、ブログを書いたりしてみてください。きっと、いつもとはまったく違う驚くような反応が返ってくることでしょう。

信頼関係構築の流れを仕組み化する(1)
商品の前に「自分」を売り込む

ブログや SNS で見込み客の注意を引きつけて集客できたら、次に何をすべきだと考えますか？　さっそく商品の魅力を説明して売り込んだほうがよいでしょうか。いいえ、それより先にすべきことがあります。

情報が認知されるのはそれ以前に
「あなた」が信頼されているから

　集客に成功したら、次のステップではまだ商品は売り込みません。商品の前に「あなた自身」を売り込みます。

　あなたという存在が見込み客にとって無視すべきではないこと、見込み客にとって耳を傾ける価値がある存在であることを伝えるのです。ある意味、あなた自身も商品の一部であると言えるでしょう。

　よく知られた格言に「何を言うかは問題ではない。誰が言うかだ」という主旨のものがありますが、マーケティングという仕事をしていると、この言葉は真実だなといつも痛感します。

　多くの人間は「誰」が言うかによってその情報を信じるべきかを決めます。ですから、あなたの主張を伝える前に、まずあなた自身が重要な人物であることを見込み客に理解してもらう必要があるのです。

　自分の価値を自分で見込み客に伝えることに強い抵抗を覚える人もいるかもしれません。しかし何としても、あなた自身の専門性や能力、実績、価値を見込み客に認識してもらうことにまずは力を注いでください。しっかりと権威を打ち立てることではじめて、見込み客はあなたを専門家として認識して、発信する情報に耳を傾けてくれるのです。

見込み客から「お金を払って学ぶべき専門家」として認識してもらう

唐突ですが、少しだけ「恋愛」の話をさせてください。

ここに二人の男性がいます。Aは、女性に対して丁寧でやさしくて、何でも女性の言うことを聞いてあげる男性です。もう一人のBは、全然優しくもないし、女性への対応も雑な男性です。さて、常に彼女が絶えないのは、AとBどちらの男性だと思いますか。あなたの周囲の人物にあてはめて考えてみてください。

正解は……「わかりません」。

優しい男性が必ず彼氏として選ばれるとは限りません。いつも「いい人」「友達候補」で終わってしまう人もいるかもしれません。逆に、粗暴なのにもかかわらず、いつも女性の影が絶えない人もいることでしょう。なぜなら、「優しい」「優しくない」という基準と、「彼氏として選ばれる」「選ばれない」という結果には、一見して関連性があるように見えて、実際には関連性が存在しないからです。

ところで、女性の心には「二つのハコ」があると聞きます。「友達候補」というハコと、「彼氏候補」というハコです。女性は、出会った男性をわずか数秒から数分という短い時間でどちらかのハコに振り分けるのだそうです。そして、「友達候補」のハコに入れられた男性はずっと友達候補で、「彼氏候補」のハコに入った男性は彼氏候補として見なされると聞きます。男性からすれば、どちらのハコに振り分けられるかによって未来が大きく変わるということになります。

さて、以上の話は前振りです。実際に女性の心にハコがあるかどうかはわかりませんが、ビジネスにおいては、この例え話と近いことが日常的に起こっています。

親切で腰が低くてサポートも丁寧で……でも、見込み客にお金を払ってもらえないか、払ってもらえたとしても安い金額しか出してもらえない人。一方で、サービスの質が目に見えて優れているわけでもないのに、高いお金を払いたがるお客さんが次々に押し寄せてくる人もいます。

この二者の違いは、見込み客の心にある二つのハコのどちらに振り分けられるかで決まるのです。即ち、<mark>「お金を払って学ぶべき専門家」というハコに振り分けられるか、そうでないか</mark>、ということです。

あなたは果たして、見込み客の心の中でどちらのハコに振り分けられているでしょうか。見込み客は、「お金を払って学ぶべき専門家」というハコに入っている人にしか、お金を払おうとはしません。いつも望ましい方のハ

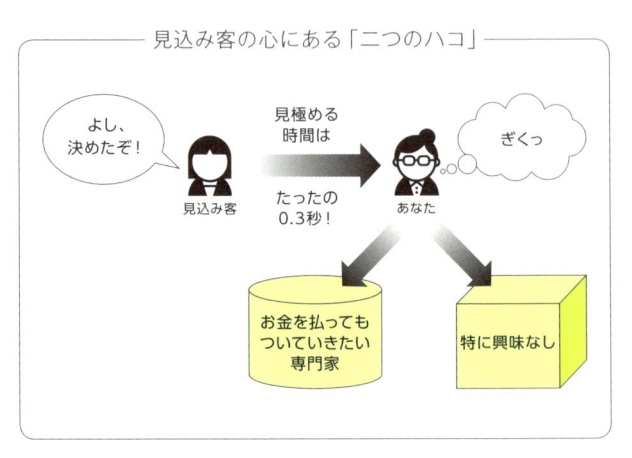

コに振り分けてもらうためには、どのような工夫や努力をすべきでしょうか。

専門家としての権威を示す代表的な方法は「実績」を示すことです。しかし、競合より明らかに優れた実績を持っていなくとも、権威を打ち立てることはできます。

見込み客を理解して診断を下す

Step①でも述べましたが、専門家としての権威を最も手軽にアピールできる方法が「理解」と「診断」です。見込み客は、自身の抱える悩みを解決してくれる存在との出会いを期待しています。その期待に答えるコンテンツを渡せば、見込み客はあなたをリーダーと認識してくれるでしょう。

「マーケティングでは共感が大事だよ」と言われますが、むしろ「理解」のほうが大切です。例えば「医師」を思い浮かべてください。医師は診断の場で患者の状況や悩みに「共感」します。しかし患者は医師が「共感」することに対してお金を払うわけではありません。患者は、医師が患者の容態を「理解」し「診断」し、適切に処方を下して自分の健康問題を解決してくれる能力と行為に対してお金を払っているのです。

　見込み客を理解するため、対話とリサーチを丹念に重ねてください。ライバルより明らかに優れた実績を得ることは難しくても、「見込み客の一番の専門家」になることであれば、時間とエネルギーを注げば誰にでもできます。

　ところで、Step ①では見込み客と直接対話することで「理解」と「診断」を提供できましたが、仕組み化するには果たしてどうすればよいのでしょうか？

　わかりやすいのは、pdfのレポートや音声コンテンツ、あるいは動画コンテンツを作成して、メールマガジンやステップメールで提供することです。以下にテーマの事例を挙げてみます。

「理解」と「診断」を仕組み化するためのテーマ事例
・なぜ、これまで見込み客の問題は解決せず、望みが叶わなかったのか？ ・これまで、見込み客が問題を解決するために足りなかった「パズルを埋める最後のピース」とは何か？ ・見込み客の人生における「パズルを埋める最後のピース」の重要性と価値とは？ ・「パズルを埋める最後のピース」が埋まることで、見込み客の人生はどう変わるのか？

　見込み客の悩みを解消する「最後のピース」の存在と価値を示すコンテンツを渡すことで、見込み客は自らの状況を知り問題解決に向けた希望を持つとともに、「この人についていこう！」と思ってくれるに違いありません。

信頼関係構築の流れを仕組み化する(2)
「あなたが見ている景色」を共有する

集客した見込み客の気持ちを揺るぎなくあなたの手元に引きつけるテクニックとして、もう一つ有効な方法があります。ある意味、これはあなたと見込み客との「世界観の共有」にもつながる、重要なプロセスでもあります。

「3つのWhy」に答えることで
見込み客の共感を無理なく呼び込む

　見込み客から専門家として認識してもらうには、もう一つ方法があります。それは「あなたが見ている景色」、つまりビジョンを見込み客と共有し、共感してもらうことです。

　あなたはこれから世の中がどうなると思っていて、その未来のイメージの中で誰と一緒にどう生きるべきと信じているのか。あなたはこれからどこに向かって何を実現しようしていて、社会に対してどのようにして貢献しようと思っているのか。

　それを伝えた上で「だから、この商品を売っている」「だから、あなたに呼びかけている」「だから、今このタイミングなのだ」という「3つのWhy」を伝えることで、あなたの発信するメッセージは見込み客に抵抗なく受け入れてもらえるでしょう。

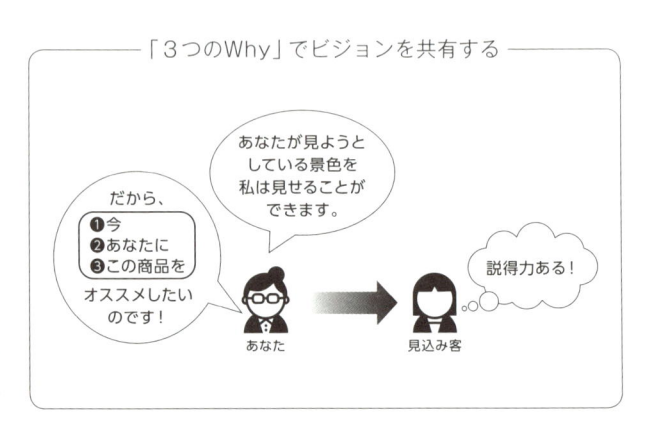

「3つのWhy」でビジョンを共有する

あなたが見ようとしている景色を私は見せることができます。

だから、
❶今
❷あなたに
❸この商品を
オススメしたいのです！

あなた

見込み客

説得力ある！

人は「新しい景色」を見せてくれる人を自らのリーダーとして認識します。あなたの見ている景色に共感できれば、たとえあなたに目覚ましい実績やわかりやすい権威性がなくとも、見込み客はあなたのことを専門家として認識するようになります。

とはいえ、「無理をしてでも壮大なビジョンを打ち立てろ」と言っているわけではありません。取り繕ったように語られるビジョンや、あまりにも自分自身から遠くてリアリティを感じることができないイメージに、見込み客は決して共感しません。

ここで大切なのは、あなたが「自らの利益のみならず、もっと広い視野を持って活動している」という姿勢が見込み客にしっかりと伝わること。言い換えれば、「あなたの動機と正体」を明らかにするということです。

見込み客は「理解できない人」にはお金を払いません。見込み客にあなたの等身大の姿を知ってもらって、そこに共感してもらうことが大切なのです。

見込み客と同じ方向を向いて、肩に手を置きながら「ほら、この景色が見えますか？」と語りかける。そんなイメージです。あなたが見ている景色をそのまま、しかしこれまでよりもさらに色彩豊かに見込み客に伝えることで、見込み客があなたを見る目が変わります。

スガにもひと言 言わせてください！

　僕が独立した当初は、就職したくないとか、自分が暮らせればといつ個人的な思い（内側）しかなく鳴かず飛ばずの状態が1年間ありました。少資金で結果を少しずつ出すようになってからは、将来的に1,000人の経営者を輩出しよう、学生にとって就職と起業が同列の選択肢になったらどうだろう等、外側の思いを共有するようになって、興味を持ってくれる人が増えていきました。支持してくれる人はお客さんのみならず、同業の諸先輩方からも応援をいただけるようになったのが大きかったです。自分都合で始まったビジネスが、仲間への貢献につながり、お客さんに価値を届けるという1本線になった時、バアッと道が開きます！

信頼関係構築の流れを仕組み化する(3)
「圧倒的な実績」を計画的に創り出す

見込み客との信頼関係が実績の有無で決まるものではないことは、これまでお伝えしてきたとおりです。とはいえ、やはりあるに越したことはないのも事実。ここでは実績がない場合に積み上げていく手順についてお話しします。

「圧倒的な実績」を計画して創り出す

ここまで述べてきたように、現時点で大きな実績や権威性がないからと言って、諦める必要は何もありません。見込み客は必ずしも、実績の数字だけを基準に購買を決めるわけではないからです。

とはいえやはり、圧倒的な実績があれば見込み客から選ばれる確率は跳ね上がります。ですから、特にあなたに現時点で何も実績がないのであれば、実績を積み重ねていく計画をきちんとつくっていきましょう。

下記の手順で計画を立てて活動していけば、魅力的な実績が着実に増えていきますので、参考にしてください。

「圧倒的な実績」を計画して創り出す手順

1.「圧倒的な実績とは何か」をリサーチする

あなたの業界に存在するNo.1のライバルをNo.1たらしめている根拠となっている実績を分析してみましょう。

2. 目標を設定する

リサーチを元にして、目標を設定しましょう。「明確な数値目標」と「ア

クションプラン」がセットになってはじめて目標は実行力を持ちます。「SMART の法則」（☞用語解説）に従って記述してみてください。

3. モニター生を募集する

　目標を設定したら、実績の目標を達成するためのアクションに移ります。もしあなたにまだ目立つ実績がなく、どのようにサービスを販売するか見通しがつかないようであれば、あなたのサービスで役に立てそうな知人に声を掛けてモニター生になってもらってもよいでしょう。

　ただし、モニター生を選ぶにあたっては下記（1）～（3）の基準を遵守してください。ここでのあなたの目的はあくまでも「実績を打ち立てること」です。その目的に合致する基準で厳しくモニター生を選んでください。

〈 モニター性を選ぶ基準 〉

（1）お金をいただく

　モニター生だからといって無料でサービスを提供してはいけません。モニター生限定の割引価格でもよいので、必ずモニター生に料金を提示して、お金をいただいてください。お金をいただく前提でモニター生を募集することで、あなたのサービスにコミットしてくれる人だけをフィルタリングできます。

　逆に無料でサービスを提供してしまうと、モニター生はあなたのサービスに価値を感じることができず、あなたの指示の実行を後回しにされてしまって目標が達成できません。

（2）コミットメントレベルと適性の高い人を選ぶ

　普段から有言実行あるいは不言実行の知人を選んでください。コミットメントレベルが低い人をモニター生に選ぶと、一生懸命サポートを行っても途中でギブアップされてしまい、あなたの目標が達成できません。

また、あなたが提供するサービスとモニター生の相性もあわせて考慮してください。例えば、あなたがマラソンのコーチングを提供しているのであれば、望ましいモニター生は現在「都大会で３位入賞」の実績を持つ人です。なぜなら、その人を徹底サポートして都大会で優勝に導くことに成功すれば、あなたはとても大きな指導実績を手にできるからです。サポートを提供することで大きな実績を打ち立てる素質を持った人を選ぶよう心がけてください。

（3）必然性のある人を選ぶ

　その知人が置かれている状況を観察して、あなたのサポートを提供して解決できる問題が、その知人の中で優先順位１位であることを確認してください。つまり、「本当に困っている人」だけをモニター生に迎えるということです。例えば、あなたがマーケティングコンサルティングのサービスを提供しているなら、売上の増加が優先順位１位の人をモニター生に選ぶようにしてください。

　サービスを提供する前には、あらかじめあなたの狙い（実績を構築する）をモニター生に共有した上で「モニターとしてサービスを提供する期間は、サービスの指示の実行を常に優先順位１位で実行してもらえますか？」と確認するのもよいでしょう。優先順位２位以下の人をモニター生として選ぶと、あなたの指示の実行が後回しにされてしまい、目標が達成できなくなります。

4.徹底的にサポートして実績を出す

　モニター生を迎えたら、実績が出るまで徹底的にサポートしてください。

　ここでは、あなたはモニター生を精査して迎え入れていますから、サポートを提供すれば比較的スムーズに実績が生まれるはずです。

こうして創り上げた実績は、あなたのブランドを高める素材として長く貢献してくれるはずです。もちろん、実績を創りあげる過程で培ったクライアントとの信頼関係もあなたの財産になってくれることでしょう。

スガにもひと言 言わせてください！

　2003年当時、実績が0だった僕が取った行動は、自分の実績で売るのではなく第三者の実績で売ることでした。例えば、出版社は「第三者に執筆してもらった原稿」を書籍化します。取材した内容を集めて情報誌として販売します。もちろん内製ですべてをまかなってしまうケースもありますが、大半は第三者の知識や情報をコンテンツ化して販売しますよね。書籍や雑誌のような装丁は難しいけれど、PDFにすることで個人レベルでもできるのではないかと考えました。ファンが付いている40名のWEBタレントを対象にアンケートを取り、その結果を600ページのPDFにまとめて販売しました。この商品を販売する際に、僕の素性や実績は一切お客さんにとって関係がないですよね。彼女たちのブランドによってファンが自動的に購入する流れです。以降もグッズやライブなどのプロデュースを繰り返していきますが、100％彼女たちの認知度を向上させることだけに焦点を当てて数字を出していきました。その結果、僕はこの仕組みで得た利益を実績として、WEBタレント事業を譲渡し、次のステップへと進むことになります。自身の実績を第三者を経由して作り上げるという視点を持つことで、手札はグンと広がっていきます。

用語解説

SMARTの法則

目標を設定する上での指標となるフレームワーク（骨組み）。5つの要素を意識して目標を立てることにより、より実現しやすい目標の策定が見込まれる。

◆要素1 Specific（具体的に）	誰が読んでもわかる、明確で具体的な表現や言葉で目標を記述する。
◆要素2 Measurable（測定可能な）	目標の達成度合いが客観的に判断できるよう、その内容を定量化して表現する。
◆要素3 Achievable（達成可能な）	目標が妄想ではなく、根拠に基づいた達成可能な現実的内容かどうかを確認する。
◆要素4 Related（目標に関連した）	設定した目標が、あなた自身や顧客の希望や望む方向性に合致することを確認する。
◆要素5 Time-bound（時間制約がある）	いつまでに目標を達成するか、その期限を明確に設定する。

信頼関係構築の流れを仕組み化する(4)
価値観を共有して「しっくり感」を創り出す

見込み客が商品を購入する際に決め手となるのは、必ずしも商品に対するニーズばかりとは限りません。特に、あなたの価値観が植えつけられている高額商品の場合にはこの意識が強く働くことがあるので、心得ておきましょう。

商品を購入する＝価値観を受け入れる

さて、ここでは特に高額な商品において注目すべき視点をお伝えします。

人は「便利だから」「こういう機能が付いているから」「必要だから」といった理由からものを買うと思われがちですが、実はそうとも限りません。その商品が見込み客のニーズを満たしていたとしても、買わないという選択をすることがあります。「何となくしっくり来ない」という理由で購入を中止することがあるのです。

人は商品のベネフィットを理解したとしても、「しっくり来ない人」から商品を買うことはありません。人は自分にふさわしいと思えない人から学ぼうと思ったり、商品を購入しようとは思いません。これは合理的・論理的な判断というよりは感情の問題です。「アイデンティティ」の問題とでも言うべきでしょうか。

人には帰属意識、「所属の欲求」があります。「こういう集団に属したい」「こういう価値観の中で生きていきたい」という欲求です。

あなた自身が高額な商品を買った時の経験を思い出してみてほしいのですが、「お金を払う」という行為は、イコール「その商品の世界観や価値観に心から共感していることを示す行為」でもありませんでしたか？　「投票」といったニュアンスが近いでしょうか。お金を払うことで、自分の価値観やアイデンティティ

を表明したような気分になった経験はないでしょうか？

　商品を購買するということは、イコールその価値観を受け入れるということです。ですから、あなたと見込み客のアイデンティティが共鳴すればするほど、見込み客があなたの商品を買ってくれる確率は上がりますし、その逆もまた然りなのです。

　アイデンティティは人によって異なります。「ひたすら変化・成長する人生を送りたい」というアイデンティティを持っている人もいれば、「家族をいつも一番に考える自分でありたい」という人もいるでしょう。あなた自身のアイデンティティを明確に打ち出すことで、あなたと異なるアイデンティティを持つ一部の見込み客はあなたの目の前から去っていくかもしれません。

　しかし、それでもなお、アイデンティティを打ち出すことを強くおすすめします。なぜなら、あなたの発信するアイデンティティに共鳴した見込み客をより強く惹きつけることで、総合的な売上は上がりますし、加えて価値観が近い見込み客に囲まれることで、あなた自身の幸福度がよりアップするからです。

　見込み客に対してリサーチとヒアリングを重ねることで、あなたと見込み客の価値観で響き合う部分を探り出し、ステップメールや普段のメールマガジンでの情報発信をチューニングしていってください。

スガにもひと言 言わせてください！

　ずばり、今あなたが素直に感じていること、思っていることを「言葉」にしていきましょう。WEBという誰もが閲覧できる環境を危惧して当たり障りのない言葉を並べても、埋もれていくだけですよね。素直に感じていることがたとえ尖った発言と捉えられて中傷されるようなことがあっても、必ず強くあなたに共感してくれる人が現れます。そして、少なくとも勇気をもって勝負に出たあなたに対して、伊藤さんや僕は間違いなく敬意を持つでしょう。あなたが望むお客さんを引きつける最大の武器になります。

商品購入までのフローを仕組み化する(1)
「行動の必然性」を理解させる

ここまで、見込み客の興味を惹きつけて信頼関係を築く流れを仕組み化してきました。次は、商品の価値を伝えて購買を決断してもらう販売の流れを仕組み化していきましょう。

最もあなたの魅力を活かせる
販売方法を採用する

　本ステップの冒頭で「勝ちパターン」のお話をしましたが、あなたの個性は「販売」にこそ強く現れます。

　例えば、「マンツーマンで会うことさえできれば、面白いくらい簡単に見込み客と仲良くなって商品を買ってもらえるんです！」と言う人がいる一方で、「対面で見込み客と会うと、緊張して何も話せなくなってしまうんです。文章で思いを伝えることは得意なのですが…」という人もいます。あるいは、「マンツーマンの対面よりも、一対多のセミナーで商品を販売するほうが自分には向いていると思います」という人もいるかもしれません。

　これまでの私の指導経験からお話しさせていただくと、苦手意識のある販売方法を訓練して上達させるよりも、ストレスを感じない販売方法を採用してそれを伸ばすほうが圧倒的に成果が出ました。

　どのような販売方法を採用するべきかは、その人の生まれ持った個性や資質によって変わるということです。「この方法が売れたらしいぞ」「いや、この方法のほうがもっと効率がよい」というような基準でセールス方法を選んでも、華々しい成果を得られることはほとんどありません。

　ここで少し手を止めて、テストセールスやこれまでのビジネス経験の中で、

見込み客に最もスムーズに商品を購入してもらえた時の成功体験を思い出してみてください。どんな状況で、どんな言葉を見込み客に語りかけた時、あなたの商品は売れましたか？

過去の手応えの中にこそ、あなただけの正解が存在します。

見込み客が自らの状況を客観的に認識する手助けをするのがセールスマンの仕事

「セールスには特別で難しいテクニックを駆使することが求められるのではないか？」……そう思われる方もいらっしゃるかもしれません。確かにセールスは奥深く、さまざまなテクニックが存在します。しかし、成果の8割を生み出す本質的なポイントはそれほど多くはありません。

商品を手に取ってもらう一歩目は、見込み客に自分の状態、悩み、不安、欲求を客観的に認識してもらうところにあります。

私たちは普段から自分が何を好み、何を感じていて、何に困っているのかを完全に把握できていると思っています。しかし実際のところ、私たちは完全に自分を客観視して理解できているわけではありません。実は私たちはさまざまな点において「ぼんやり」と生きているのです。

見込み客に「お金を払う」という痛みを伴う行動を起こしてもらうためには、「行動する必然性」を理解してもらう必要があります。

ここでいう「必然性」とは、売り手であるあなたが見込み客に押しつけるものではありません。見込み客が自分の内面に向き合った結果、「そういえばそうだった」と自ずと思い出してもらうものです。

我々セールスマンがセールスにおいて行うべきこととは、要は「見込み客の現状を一緒に整理してあげて、状況を明らかにして認識する助けを提供する

==こと」なのです==。そのサポートをした先に、結局見込み客があなたの商品を手に取るかどうかは、見込み客の判断に委ねることです。

　セールスが失敗して売れない時は、この視点が抜け落ちているパターンを多く見受けます。「見込み客は自分の悩みや欲求を正しく把握しているに違いない」と売り手が思い込んでいきなり商品の説明を始めたり、あるいは「見込み客に商品の必要性を理解してもらわなければ」と焦って外側から「動機」を押しつけると、セールスは失敗します。

「現状と障害」「リスクと緊急性」「希望と理想」を明確にする

　では、具体的にはどのような点を見込み客に認識してもらえばよいのでしょうか？

　大別すると、==認識してほしいのは「現状と障害」「リスクと緊急性」「希望と理想」==の3点です。

セールスにおいて見込み客に認識してもらうこと

■現状と障害

　まず、見込み客が現在どのような状況に置かれているかを明らかにしましょう。現在どんな仕事をしていて、何に困っているのか。何が不満で、それはなぜか。

　ここで大切なことは、見込み客に「自分は困っているのだ」と認識してもらうことです。見込み客自身の口から、「いかに自分が困っているか」を語ってもらえるように促しましょう。

【 質問の例 】
・「どんなことでお困りですか？」
・「どうして、その問題は解決しないのでしょうか？」
・「なぜ、その問題を解決したいのですか？」

■リスクと緊急性

次に、「現在の状況がずっと続くとどうなるのか？」ということを想像してもらいます。

見込み客に長期的な視野での思考を促して現状維持のリスクを感じてもらい、「何かを変えなければ状況は変わらない」「今すぐに問題を解決するためのアクションを取らなければ」という予感を持ってもらうことが目的です。

【 質問の例 】
・「もし今の状況が３年続くとどうなりますか？」
・「もしそうなったとしたら、どのような感情になりますか？」
・「その問題を解決する優先順位はどのくらいですか？」

■希望と理想

見込み客は自分の問題を解決したくてあなたの発信する情報に興味を持ち、あなたの目の前に姿を現しました。見込み客は現状に満足しておらず、人生をより良くしたいと望んでいるはずです。

見込み客の頭の中にある「こうなったらいいな」という理想のイメージを明確化するサポートをしてください。

【 質問の例 】
・「では、どうなったら理想的ですか？」
・「それはなぜですか？」
・「それが達成されたら、どんな感情になりますか？」

いかがでしょう？　商品が必要だということを客観的に認識してもらうのは、他の誰でもない、見込み客です。ポイントは「見込客の気持ちに寄り添って、一緒に考える」こと。質問も、決して詰問調にならないよう、気をつけてください。

商品購入までのフローを仕組み化する(2) 商品の必然性を刷り込む

ここまでのアプローチで見込み客がその気になってきたところで、ようやく商品の登場です。でも、焦らないでください。見込み客の高揚感を保ったまま商品購買に結びつけるために最適な思考と方法を、あなたに伝授します。

■ 商品は「理想の国への入場チケット」である

　見込み客の置かれた状況が整理できたら、ここではじめてあなたの商品が登場します。あなたの商品を、「見込み客が心に描く理想の国に入場するためのチケット」と位置づけて見込み客に紹介してみてください。

　「商品とは理想の国へのチケットである」こう捉えてみると、あなたが見込み客に何をどう語りかけるべきかが見えてきませんか？

　見込み客が問題を解決して人生を効率的に前に進めるために、あなたの商品がどのように役立つのか。商品を手にすることで、今までたどり着けなかった場所にたどり着けるのだということを見込み客に印象づけるのです。

　見込み客が興味を持つのは、「そのチケットが自分の行きたい場所に行くためにどう役立つのか」という情報だけです。

　逆に、「商品の機能や利点」を一生懸命に説明しても商品が売れることはありません。なぜなら、チケットがどんな色や形をしているかという情報に興味を持つ人はいないからです。

　「売り込みやセールスが苦手です」という方も、「チケットを差し出す」のであればできそうなイメージがしませんか？　大切な友人を映画や遊園地に誘う時のように気軽に、しかし丁寧に価値を伝えてみてください。

ストーリーとコントラストで明確化する

　見込み客にあなたのメッセージをより印象的に伝えるために有効な２つのツールを紹介します。「ストーリー」と「コントラスト（比較）」です。ストーリーとコントラストを用いることで、あなたのメッセージがよりくっきりと鮮明に伝わります。

　例えば、つい最近まで「世界で最も売れたセールスレター」と言われていた『ウォールストリート・ジャーナル』の下記の広告は、セールスにストーリーとコントラストを巧みに用いた例です。「二人の若者のストーリー」を対比させることで、ウォールストリート・ジャーナルを購読した先にある未来と購読しなかった未来を読者に鮮やかにイメージさせています。

〈 広告イメージ 〉

* "The Billion Dollar Letter"

THE WALL STREET JOURNAL.
World Financial Center, 200 Liberty Street, New York, NY 10291

Dear Reader:

On a beautiful late spring afternoon, twenty-five years ago, two young men graduated from the same college. They were very much alike, these two young men. Both had been better than average students, both were personable and both—as young college graduates are—were filled with ambitious dreams for the future.

Recently, these men returned to their college for their 25th reunion.

They were still very much alike. Both were happily married. Both had three children. And both, it turned out, had gone to work for the same Midwestern manufacturing company after graduation, and were still there.

But there was a difference. One of the men was manager of a small department of that company. The other was its president.

What Made The Difference

Have you ever wondered, as I have, what makes this kind of difference in people's lives?
It isn't a native intelligence or talent or dedication. It isn't that one person wants success and the other doesn't.

The difference lies in what each person knows and how he or she makes use of that knowledge.

And that is why I am writing to you and to people like you about The Wall Street Journal.
For that is the whole purpose of The Journal: to give its readers knowledge—knowledge that they can use in business.

A Publication Unlike Any Other

You see, The Wall Street Journal is a unique publication. It's the country's only national business daily. Each business day, it is put together by the world's largest staff of business-news experts.

Each business day, The Journal's pages include a broad range of information of interest and significance to business-minded people, no matter where it comes from. Not just stocks and finance, but anything and everything in the whole, fast-moving world of business... The Wall Street Journal gives you all the business news you need—when you need it.

Knowledge Is Power

Right now, I am looking at page one of The Journal, the best-read front page in America. It combines all the important news of the day with in-depth feature report-ing. Every phase of business news is covered. I see articles on new inflation, wholesale prices, car prices, tax incentives for industries to major developments in Washington, and elsewhere.

(Over, please)

And there is page after page inside The Journal, filled with fascinating and significant information that's useful to you. The Marketplace section gives you insights into how consumers are thinking and spending. How

<ウォールストリート・ジャーナル　広告文の一部（和訳）>

親愛なる読者様へ

　25年前の春、二人の若者が同じ大学を卒業しました。この二人には、共に成績が良好で、共に人柄も良く、共に将来の夢と希望に満ち溢れているという共通点がありました。

　そんな二人が25年ぶりに大学の同窓会に出席しました。25年たっても二人には共通することがありました。共に幸せな結婚をし、共に三人の子供に恵まれ、そして共に中西部にあるメーカーに就職していたのです。ところが、違うことが一つだけありました。一人は小さな部署のマネージャーで、もう一人は社長になっていたのです。

二人の人生を変えたもの

　二人の人生に違いをもたらしたものは何なのでしょうか？　持って生まれた知性や才能、努力の違いではありません。成功への情熱が違ったわけでもありません。二人の人生を変えたものは、持っている知識と、その活かし方にあったのです。
（以下略）

（和訳：武藤一成）

　このように、あなたのセールスにストーリーとコントラストを用いて「あなたの商品を手に取った先にある未来と、現状維持を選択した先にある未来」という二者を同時に提示することで、見込み客はより鮮明に二つの選択肢を意識できます。

　見込み客があなたの商品購入を見送ることで、見込み客はどのような機会を失うのか。そして、それは見込客にとってどれほどの損失になるのか。そ

の点にフォーカスして、コントラストを効かせたストーリーを見込み客の前にそっと差し出せばよいのです。

　あなたの周囲に人生を変える機会をふいに失ったことで損失を受けた人はいませんか？　そのストーリーを臨場感のある形で見込み客に伝えることはできないでしょうか？

「ストーリー」と「コントラスト」で未来を意識させる

　前述のように、人は現状を正確に理解しているようで、時に曖昧にぼんやりと認識しているにすぎないことがあります。この時に、「ストーリー」と「コントラスト」という思考の補助線を引いてあげることで、見込み客の認識はより鮮やかになるのです。

スガにもひと言言わせてください！

　文章を読み進めていったら、いつの間にか引き込まれていたということはありませんか？　引き込まれた文章はぜひメモをして残しておきましょう。ベネフィットの羅列だけでは響かなかったであろうことも、ストーリーを通じて中に入り込んでいくケースは多々あります。例えば、一つひとつのラーメンにストーリーがある全国チェーンのラーメン屋にはいつも感心していました。味の説明だけでは響かなかったと思います。僕自身も蟹を販売する時には、蟹の漁へ出かける男たちの生き様からストーリーを書いたことがあります。差別化としても効果は抜群！　一つひとつの商品を並べて一覧にするだけではなく、1ページ1商品の物語を書きましょう！

商品購入までのフローを仕組み化する(3)
それでもためらう見込み客への対処法

Step ③
14

Step ③-12のアプローチで、見込み客の気持ちは相当購買に傾いているはずです。が、警戒心の強い見込み客は、それでも石橋をまだささすっているかもしれません。そこで、そんな顧客心理と対処法についてお話しします。

買わない理由を先回りして潰していく

セールスにおいて、もう一つ重要なことがあります。それは「買わない理由を払拭していく」ことです。

例えば、見込み客があなたの商品の購入をためらう代表的な理由が3つあるとしたら、それは何でしょうか？

そして、それらの障害をクリアするためには、どのようなメッセージを見込み客に伝えたり、あるいは商品の内容を改善する必要が考えられるでしょうか？

購入をためらう典型的な理由と対応について、次ページにお示しします。状況をしっかりとイメージしてください。

共通する視点は「見込み客の不安にフォーカスし、その不安を一つひとつ取り除いてあげる」ことです。

商品が高額であればあるほど、その不安は大きく、深いものです。しかし、重要なのはそんなことではなく、真摯に対応する姿勢を見せること、これに尽きます。その上で、見込み客が今よりもっと購入しやすくなるようなスモールステップを用意できたら、ベストな対応です。

購入をためらう典型的な理由と対応	
購入をためらう理由	対応
① お金がない（お金が減るのが嫌だ）	あなたの商品を購入することが「消費」ではなく「投資」であることをアピールして、投資効果をイメージしてもらう。行動を変えなければ未来は変わらないと伝える。
② いま本当にこれに注力すべきか確信が持てない	セールスの過程で描いてきた「理想」に到達するためにはこの選択がベストであることをアピールする。
③ 本当に結果が出るのか確信が持てない	あなたの情熱と責任感を伝えた上で、これまでのあなたの実績をアピールする。あるいは商品に成果保証や返金保証をつけることで安心してもらう。

　購入前の疑問や質問に答える電話相談の窓口を用意したり、セミナーに参加できない遠方の見込み客のためにオンライン説明会を開催したり、あるいは正式に参加費を支払う前に1ヵ月の体験入会を用意するのも、見込み客の心理的なハードルを下げるために効果的かもしれません。

　こうした「買わない理由への対策」もまとめて仕組み化していくことで、見込み客の取りこぼしは確実に減っていくはずです。

スガにもひと言 言わせてください！

　保証に関しては簡単でユニークなものをと心がけています。5回連続スライスしたら全額返金、1泊2日の研修で僕が寝ている瞬間を激写したら全額返金など。明確な保証を打ち出すことに加えて、エンターテイメント性を出して興味を持ってもらうように工夫していきました。事前の悩みはメッセンジャー、通話、対面とお客さんが選択しやすい環境にして、向き不向きをずばり伝えるようにしています。商品は売れなければ始まりませんが、売れたら終わりではありません。お客さんにとっては購入してからがスタート！　その点を考慮して無理な約束をしないように注意しましょう。

販売の仕組み化が完成したら
最初にすべきこと

前項までのチェックポイントを踏むことで、ようやく「販売の仕組み」が一通り完成となります。ここで本格的に集客を仕掛ける前に、最初にしておくべきことがあります。それはいったい何でしょうか？

販売を仕組み化したら
集客を本格化する前に販売してみる

　商品を販売する流れを仕組み化できたら、本格的な集客のフェーズに入る前に、身近な人に商品を販売してみましょう。

　「Step②の最後にテストセールスをやったじゃないか！」と思われるかもしれませんが、前回のテストセールスの時と、販売を仕組み化した現在では状況が変わっているはずです。例えば、あなたは最初のテストセールスの時には対面で商品を販売していたのが、もしかすると現在はセールスレターで販売しようと思っているかもしれません。

　Step②のテストセールスでは、「そもそもこの商品に本当にニーズがあるのか、売れるのか」を確認することが目的でした。今回は、仕組み化した販売プロセスが本当に効果を発揮するかを確かめてみましょう。

　新しい販売方法を取り入れる時は、いきなり大規模に集客せず、まず可能な範囲で小さく確認するようにしてください。いきなり集客を頑張ってしまうと、「見込み客が沢山集まったはいいけれど、肝心の商品がまったく売れない」という事態が起こり得ます。例えるなら「目の粗いザルに一生懸命水を注いでいる」ような状態です。

　仮に広告予算を投下して集客して見込みが外れると大変です。広告費用の

損失を売り上げに埋められずに赤字になってしまいますし、何より、幸先の良くないスタートは起業家であるあなたのモチベーションの火を消してしまいかねません。

テストセールスといっても、それほど面倒なことではありません。まず、あなたに富をもたらすザルに穴が空いていないことを確認してください。そのためのスモールスタートとして、商品に興味を持ってくれた知人にセールスレターを見せたり、あるいはフロントセミナーに招待してみてください。

「わかりました、感想を聞けばいいんですね」と思われるかもしれませんが、感想をもらうだけでは不完全です。肝心なことは、「その商品が売れるかどうか」を確かめることです。

「とても魅力的な商品ですね」という感想を完全に信用してはいけません。それは優しさや気配りから生まれたリップサービスである可能性が十分にあります。言葉ではなく、相手の態度や姿勢、目の輝きといった非言語情報こそ観察してください。

本心から魅力的な商品だと感じたのであれば、相手は目を輝かせ前のめりになって「この商品、いつ発売するのですか?」と向こうから尋ねてくるはずです。

知人に売れない商品が、知らない人に売れることはありません。第二のテストセールスだと思って、ここであなたの仕組みが売れるかどうかを、再度シビアに評価してみてください。

スガにもひと言 言わせてください!

　僕の場合、大小合わせて20個くらいあるメールマガジンの中で、どれか1つをピックアップしてセールスをします。全体に送るメールマガジンとは別途、リスト取得先毎にメルマガをセグメントします。そこで小さくセールスをしていきます。時には10分間だけ販売することを事前に伝えて、販売終了後には再販希望のフォームを設けて様子をみます。そこに登録してくれる数だけ見込みがあると推測して大きく展開するかを判断します。

仕組み化は「３割当たれば上出来」 と考えて大量行動する

どんな成功者でも、最初からハズレなしの宝くじのようにうまくいっていた わけではなく、必ずトライ・アンド・エラーを経験しています。この項では、 あなたが失敗を恐れなくなるマインドセットについてお話しします。

空振りしても次の打席がある

さて、仕組み化にチャレンジするあなたに、ここでもう一つ大切なアドバイスがあります。それは、「失敗は当たり前」ということです。

例えば、あなたはこれから仕組み化のためにフロントエンドセミナーを開催するかもしれません。たくさんの時間を使ってセミナーのコンセプトやタイトル、そしてスライドの準備を整えたあとで「いざ！」と募集した結果……閑古鳥が鳴くこともないとは言えません。

もしこうした事態になった時に、あなたには「自分には仕組み化なんてムリなんだ」と落ち込んだり、諦めたりしないでほしいのです。

私もこれまで多くのクライアントに仕組み化のアドバイスをしてきましたが、一発目の施策が「大当たり！」することはそれほどありません。どんなに周到に用意したとしても、何かしらの問題点や課題、見落としがあって、思うような成果が得られないことも多いのです。

ですが、安心してください。大切なのはそこからの巻き返しです。

「なぜ思うような成果が出なかったのか」という反省会を開いて、データを分析して次の一手を考える。その繰り返しでだんだんと成果が大きくなっていき、やがて「あまり手をかけずとも勝手に商品やサービスが売れていく仕組

み」が完成していくのです。

「何が正解か？」を知っているのは
あなたの見込み客だけ

　もしかしたら、あなたは本書を読み進めていくうちに、「自分にとっての正解はいったいどこにあるんだろう？」「結局、具体的に自分はどうすればいいのだろう？」と迷ってしまったかもしれません。

　「これが正解だ」と誰かに太鼓判を押されたとしても、実際に言われたとおりにやってみたら鳴かず飛ばず……ということも普通にあります。

　折に触れてお話ししているように、仮に方法論それ自体には成功実績があったとしても、あなたの強みや勝ちパターンにマッチしていなければ効果は発揮されません。「誰がやるか」というたった一つの要素によっても、マーケティングの効果は天と地ほどに変わるのです。

　ですから結局のところ、あなたにとっての最適解は「やってみる」ことでしか得られないということです。万人にあてはまる正解なんてものは存在しませんし、正解を求めることそれ自体が不適切なのです。

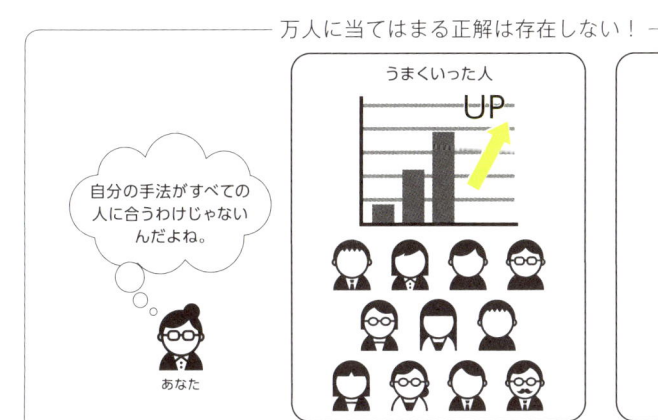

― 万人に当てはまる正解は存在しない！ ―

うまくいった人　UP

自分の手法がすべての人に合うわけじゃないんだよね。

あなた

うまくいかなかった人　DOWN

臆せず大量行動をする

　大切なことは「まずやってみて、その結果を踏まえて改善する」ということです。あなたにとっての正解は、あなたの見込み客だけが知っています。まずトライしてみる。そして、見込み客の反応を伺ってみる。反応を踏まえて「これならどうかな？」と別の手を繰り出してみる。見込み客と対話するような気持ちで改善を繰り返していくことで、あなたらしくてライバルに決して真似されない、独自性のある仕組みがつくられていきます。

　いいですか？　「大量行動」をしてください。打率は高くて３割といったところなのですから。「熟考して百発百中を狙う」よりも、「５つの施策を同時展開」「マシンガンのようにテストする」というアプローチのほうが、短期間で大量のデータが集まりますし、結果として最短で成功できるのです。

　「売れなかった」ということは、同時に「売れるようになるためのヒントが手に入った」ということでもあります。そう捉えて、どんどんテストを重ねていきましょう。

　私は事あるごとに、クライアントに「ビジネスは『始める』『続ける』『改善する』この３Stepを常に怠らなければ必ず成功できる」と伝えています。PDCAを正しく回していけば、成果は必ず生まれます。ですから、決してあきらめてはいけません。「継続こそ力なり」です。

スピードを常に最優先する

　これは私自身も常日頃から心がけていることですが、常にスピードを最優先してください。「15分考えてみて、精度の高い結論が出なかったらとりあえず行動する」。実際、それくらいが丁度よいのです。

　「先がはっきりとイメージできなければ行動できない」、「精度の高い仮説が立つまで考え続けたい」という気持ちは、私自身もしばしばそう思う時があり

ましたし、今でもケースによってはそう考えることがあるので、とてもよく理解できます。

しかし、極論かもしれませんが、行動せずに頭で考える思考にはそれほど価値はありません。結局のところ、「やってみてわかったこと」にこそ本当の価値があります。

現在の1日の時間の使い方を振り返ってみることで、「自分が今スピード感を持って行動できているか」を見極めることができます。ここ1週間の時間の使い方を振り返ってみてください。

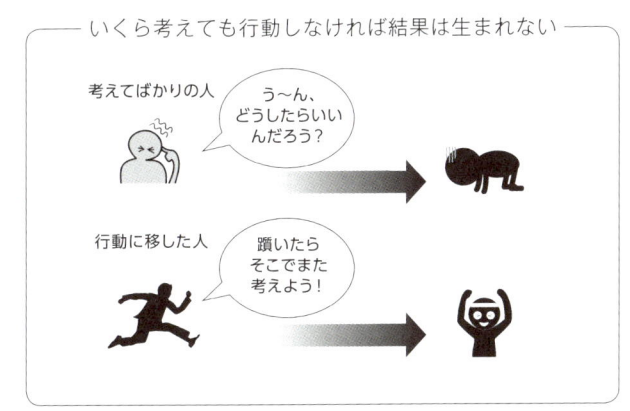

いくら考えても行動しなければ結果は生まれない

考えてばかりの人　「う〜ん、どうしたらいいんだろう？」

行動に移した人　「躓いたらそこでまた考えよう！」

インプットや計画に時間の5割や8割を費やしている人は要注意です。インプットや計画は、1日の2割で十分です。それ以上の時間は思考ではなく行動にあててみてください。

行動にフォーカスすることで、これほどテンポよく人生が前に進むのかと感動するはずです。何を隠そう、私自身がそうでしたから。

スガにもひと言 言わせてください！

　野球未経験者が準備だけをして、大リーグの舞台で初球ホームランを打つのは非常に厳しいですよね。これだけ準備に時間を費やしたのだから一発でホームランを打ちたい！と思うのもわかります。でも、大事なのはとにかく一つでも多く打席に立つこと。3割当たれば、野球に例えるなら超一流のバッターです。TVゲームも説明書や攻略サイトを読んで準備しただけでは上達しません。本番環境に立ち続けることで、どんどん精度は高まります。

「売れる仕組み」は常に改善・刷新すべし(1) 改善の判断基準はどこに置くか?

トライ・アンド・エラーを繰り返していった結果、あなた独自の「売れる仕組み」が完成していきます。ただし、仕組みが完成したからといって「これでゴール!」ではありません。継続的な改善の視点は必須です。

「買ってくれた人」に合わせて仕組みをチューニングすると売上が最大化する

　世の中は絶えず変化しています。今日まではOKだったものが、明日は使えなくなっているかもしれないのです。

　仕組みづくりも決して例外ではありません。もしかしたら、法規制で集客方法を喫緊に見直さなくてはいけなくなった、なんてことも、いつ起こってもおかしくない。それが今の社会情勢です。

　そこで本項では、これからあなたが仕組みを改善していく際に、折にふれて思い出してほしい思考法をお伝えします。それは、「あなたの顧客になってくれた人を基準として仕組みを構築することで、売上は最大化する」ということです。

　この思考法は、これからあなたが仕組みを構築していく上で判断に困ることや迷うことがあった時、一つの判断基準となり得る考え方です。なぜ、「買ってくれた人」に合わせて仕組みをチューニングすると売上が最大化するのでしょうか……?

　それは、「現実」に基づいた判断だからです。

　当たり前のことですが、あなたの顧客は「実在の人物」です。あなたの妄想

や「こうあってほしい」という願望を挟まない現実そのものです。その現実を基準として仕組みを最適化していくことで、より「現実的に」売れる仕組みに近づいていきます。

　この考え方は唯一の正解というわけではありません。あなた自身の「こういう人に来てもらいたい」という思いを基準として仕組みを構築するのも、間違いというわけではありません。

　わかりやすい例で言うと、あなたの元に来てくれる人の多くは「会社員」なのに、あなた自身は「いや、自分は独立して一人で活動している個人事業主をサポートしたいな」と思ったとしましょう。この時、あなたの思いを優先して個人事業主向けの発信に切り替えることも悪いわけではありません。しかし一方で、「あなたの顧客は、あなた自身を写す鏡である」ということも忘れないでください。

　あなたの顧客は、あなたが意識的に、あるいは無意識的に発信する波長のようなものに惹かれてあなたの元に現れた存在です。つまり、==あなたの波長に最も共鳴する人物像が、あなたの目の前にいる顧客なのです==。

　世の中の人はあなたに何を期待していて、逆に何を期待していないのか。あるいは、誰があなたに惹きつけられて、逆に誰は惹きつけられないのか。そういったさまざまな「現実」の集積こそが、あなたの顧客なのです。

　ですから、売上を最大化するという観点からは、目の前の顧客を基準としてチューニングすることが「正解」なのです。その上で、実際にどのような仕組みを構築していくか。それはあなた自身のご判断にお任せします。

スガにもひと言 言わせてください！
　鉄板でやっているチューニング方法は、見込み客より既存客がどんどん得をする仕組みです。有料サービスを既存客には無料にするなど、どのタイミングでもいち早く飛び込んだ方が多くを受け取れるようにしています。

「売れる仕組み」は常に改善・刷新すべし(2) 集客導線は常に最適化していく

「仕組み」はどのフェーズも重要ですが、最も刷新を意識する必要があるのは、入口となる集客です。常に世の中の動きを見据えながら、集客導線は常に見直しを図る意識を忘れないでください。

「ほったらかし」に未来はない

「売れる仕組み」の中でも、特に集客は、常に改善や刷新の余地があります。時代が変わるごとに人の流れは変わりますし、新しいSNSや集客媒体が登場することで、そちらに流れが移り変わることも、これまでの経緯をみれば十分にあり得ることです。

見込み客の関心も移ろうでしょうし、新しいライバルが出現することもあるかもしれません。広告疲労（飽きられ）だってあります。

このように、特に集客周りは流動的です。いったん集客の仕組みができたからと言ってそこにあぐらをかいていると、人の流れが変わった時にあっという間に売上が落ちてしまいます。

私自身、仕組みができたと安心しきって放置していたところ、だんだんと売上が落ちていった苦い経験があります。「人が住まない家は荒れる」と言いますが、売れる仕組みも、作りっぱなしで放っておけば、しだいに廃れていくのは目に見えています。

ですから、人の流れや見込み客の興味関心、ライバルの動向や広告の反応率は常にウォッチしてください。数字やデータを押さえて、広告媒体を定期的にテストし、新たな可能性に常に目を光らせておくのです。

余剰時間を仕組みの拡張に再投資していく

　仕組みを整備していくことで、あなた自身の時間に余裕が生まれることでしょう。その余った時間をどのように活かしていくかで、その後のあなたの運命は決まります。

　余った時間を既存顧客のケアや信頼関係の構築、あるいは新規商品の開発といった領域に投資していくことで、ビジネスの価値はどんどん高まっていきます。顧客の実績も増えていくことでしょう。

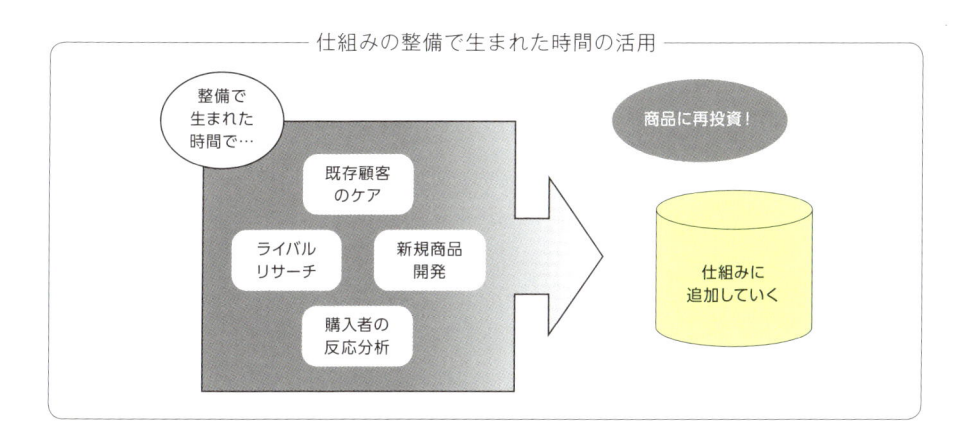

仕組みの整備で生まれた時間の活用

整備で生まれた時間で…／既存顧客のケア／ライバルリサーチ／新規商品開発／購入者の反応分析／商品に再投資！／仕組みに追加していく

　そうして新しいコンテンツや実績が生まれたら、どんどん仕組みに追加していってください。観葉植物に水をやり、肥料をまいて、手入れするがごとく仕組みを育てて拡張していくことで、必ずや大きなリターンがもたらされることでしょう。

スガにもひと言 言わせてください！

　一つの集客導線が機能しているうちに、さらにテコ入れすることもありますが、僕は未開拓の場で新たな導線を作ることも意識しています。また、ターゲットに対して現在の集客導線をスライドさせて活用することもあります。他にも、商品やサービスへの充実度を上げていくことで、リピートしてくれる人も増えてきます。リピーターから派生した新たな集客導線（紹介システム）が構築できたりと、集客網はどんどん広がっていきます。

Step ③
19
「売れる仕組み」は常に改善・刷新すべし(3)
売上を加速させる仕組みづくりの秘訣

「売れる仕組み」が軌道に乗り出すと、ビジネスは拡大のチャンスを迎えます。その際ポイントとなるのは、受け皿であるサービスに多数の見込み客を受け入れるキャパシティがあるかどうかです。

最終的に「顧客が1,000人増えても大丈夫」な体制づくりを目指す

あなたがこれからつくる仕組みが、うまく軌道に乗ったとしましょう。例えば、10名の見込み客が集まったら、うち３名の方にコンサルティングのクライアントになっていただける仕組みができたという具合に。すると、あとは基本的に見込み客の数を増やすことに注力すれば、自然と顧客が増えていく流れができていきます。

ところが、商品が個別コンサルティング等のマンツーマンサービスのみですと、いざ軌道に乗った時に困ったことになってしまいます。仮に１ヵ月あたり100名の見込み客を集められるようになったとすると、何が起こると思いますか？　「見込み客がせっかく集まったのに、サービスを受注しきれない」状況に陥ってしまいます。コップから水があふれるような状態です。

また、なんとか対応できたとしても、あなたの労働時間がどんどん増えていき、しまいには憔悴しきってしまいます。いくら売上が上がって嬉しいとはいえ、疲労が蓄積して倒れてしまっては元も子もありません。

こんなことにならないよう、仕組みづくりのはじめから「水をいくら注いでもこぼれないコップ」を用意しておき、『顧客が1,000人増えても大丈夫』な体制をあらかじめ整えておくようにします。そうすれば、仕組みが軌道に乗ってビジネスが拡大しても、利益を余すことなく受け取ることができます。

『顧客が1,000人増えても大丈夫』な体制とは、具体的には <mark>「一対多」のサービス</mark> のことです。例えば教材、ステップメール講座、オンラインサロン、スクール等、顧客の数がいくら増えようと、個別にきちんと価値を提供できて、かつあなたの時間が圧迫されないサービスを用意しておくのです。

それから、販売アプローチも効率化していきましょう。

例えば、あなたが「文章」での販売を得意とするのであれば、セールスレターを書いてWEBで公開すると効率的でしょう。セールスレターは「Salesmanship in print（紙の上のセールスマン）」と呼ばれるように、一度書いてしまえば文句も言わずに24時間商品を売り続けてくれます。

あるいは「セミナー」で一対多で販売することが得意であれば、セミナーを撮影してウェビナーにするのも一考です。こちらも、一度撮影してしまえば継続的に商品を売り続けてくれます。

対面セールスが得意で、かつ面談が苦にならないのであれば、見込み客との面談を効率化する方法を考えてみましょう。例えばスカイプやZoomといったツールを活用したバー

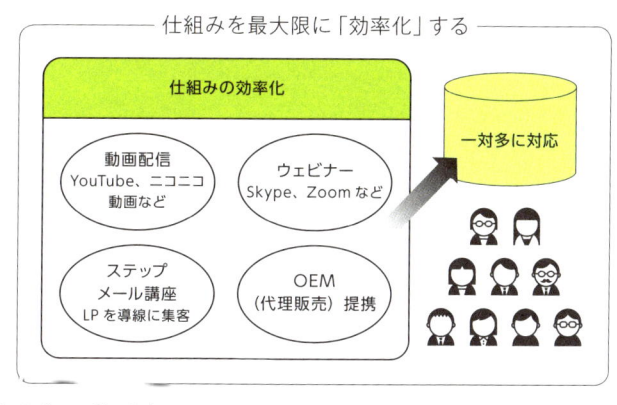

チャル面談を試してみるのも一考です。

面談やセールスに忙殺されるようになると、既存顧客に価値を提供したり、次の一手を打ったりするための時間やエネルギーが枯れてしまいます。そのような状態が続くと、遠からずビジネスは段々と縮小して、いわゆる「ジリ貧」状態に陥ってしまうリスクがあります。セールスの効率化や自動化は早めに検討することが肝要です。

Step ③
20
仕組み化で困ったら、いつでもリサーチに戻れ！

Step ③の最後に、あなたが仕組み化で困ったり、つまずくことがあった時、いつでも立ち戻ってほしいアドバイス（ポイント）をお伝えします。行き詰まったら、いつでも見込み客とライバルの「リサーチ」に戻ってください。

「売れない」のは見込み客を理解していないから

　ここまでひと通り「売れる仕組み」づくりを進めてきたけれど、どうも思うように商品が売れない……。あなたが今そんな悩みを抱えているとしたら、ズバリ売れない根本原因を指摘しましょう。

　それは、「見込み客をきちんと理解していない」からです。

　あなたが本当に見込み客の不安や望みを理解しているのなら、彼らが欲する言葉や断れない提案をいくらでも思いつくはずです。しかし、もし現在そうなっていないのなら、あなたは自分が見たいものだけを見て好きなように解釈している可能性があります。厳しいかもしれませんが、見込み客という現実を正しく理解できれば必ず結果は生まれますし、その逆も然りなのです。

　困った時はいつでも見込み客リサーチに立ち戻ってください。本書を何度も読み返して、リサーチを究めていってください。見込み客をより深く理解することで、必ずやあなたが思い描いた成果に近づけるでしょう。

「具体的にどうすればいいのか？」困ったら
ライバルの仕組みを分析して取り入れる

　さて、本書を読み終えようとしている今、あなたはもしかしたら困っているかもしれません。「仕組み化の視点や気をつけるべきポイントはわかった。

でも、具体的にどうすればいいんだ？」と。パズルに例えるなら、手元に「パズルのピース」が沢山あるけれど、それを組み立てることでどんな絵ができるのかが想像できていない……こんな状態に陥っていませんか？

　もしそうであるならば、==あなたのライバルを見つめ直してください。==

　すでに成功しているライバルのやり方を観察するのです。といっても、そのまま真似してほしいわけではありませんよ！　本書を読んでパズルのピースがたくさん手元に集まった今だからこそ、ライバルを観察することで多くの気づきを得ることができるはずです。

　==ライバルを観察した気付きから、あなた自身の仕組みに活かせそうな部分をピックアップしていってください。==すると、一つひとつのピースが段々グループにまとまって、徐々に一枚の大きな絵が立ち上がっていきます。そこまでできれば、あなたは「自由自在に仕組みをつくる力」を手にしたことになります。本書を読んだ今、あなたにはその力が備わり始めているはずです。

　残るは、実践あるのみです。

　コピーライティングやマーケティング、セールス等のテクニックは、検索すればいくらでも得ることができます。細かい知識はWEBで補いながら、あなた独自の仕組みを確立してください。その際、くどいようですが勝ちパターンから決して逸脱しないように。ライバルの仕組みを観察・分析しつつ、あなた独自の勝ちパターンを活かした仕組みを構築していってください。

　では、あなたの健闘を祈っています。

スガにもひと言 言わせてください！

　〈スガにもひと言〉もこれで最後となりました。人に喜んでもらえるって綺麗事抜きに嬉しいですよね！　そのためのリサーチであり、仕組みであり、準備だと僕は考えています。ぜひ太陽となって光を照らしてください！

 **WEBで集客するといっても、具体的にどのように集客すれば よいのでしょうか？**

 基本的な原則として、アクセスを集めるためには3つのアプローチがあります。

① つくる：自分でブログやSNSに投稿してアクセスをつくる
② 買う：広告にお金を払ってアクセスを買う
③ 借りる：すでに豊富なアクセスを保有している人に借りる

　一般的に「集客」と言えば上記の「つくる」を連想される方が多いと思いますが、ここでは視野を広げるために「買う」「借りる」という選択肢を解説します。例えば、

・ネット検索で上位表示され、大量にアクセスがあるWEBメディアのオーナー
・大量の見込み客リストを保有するメルマガオーナー
・FacebookやInstagram等SNSで注目度の高いインフルエンサー

　これらのアクセスホルダーに個別にコンタクトを取って、彼らのメディアであなたを有償・無償で紹介してもらえるよう提案し了承されれば、短期間で大量のアクセスを得ることができます。

　また、あなたの見込み客がアクセスするブログのサイドバーに画像広告を月額契約で掲載してもらえれば、安定的に集客することができます。このように、工夫次第でゼロからでも短期間でアクセスは集められます。

WEBプロモーション実例解説セミナーをプレゼントします。

　ここまで本書をお読みいただき、ありがとうございました。あなたがこれから「売れる仕組み」を構築していく上で、本書がお役に立てたなら嬉しい限りです。

　本書では「仕組みをつくるために大切な考え方」を中心にお伝えしてきました。もしかしたら、あなたがこれまで接して来なかった考え方や視点もあったかもしれません。何度も復習いただいて、ぜひともモノにしていただければと思います。

　さて、「仕組みづくりでは考え方が大切」と口を酸っぱくしてお伝えしてきました。とはいえ、具体的にどのように仕組みをつくればよいのか、いまいちピンと来ていない方もいらっしゃるかもしれません。

　本書のStep③では、ライバルリサーチによってイメージを膨らませる方法をお伝えしましたが、具体的な仕組みづくりの参考になればと思い、私が過去に実行したWEBプロモーションを解説したセミナーコンテンツをプレゼントします。

　このWEBプロモーションは、私のメールマガジンの読者のうち約50名の方に対して行いました。最終的に15万円のビジネス合宿を成約率48％で販売し、さらにバックエンドで120万円の商品を販売できました。着想から実行までおよそ1ヵ月と短い期間で実行した小規模のプロモーションながら、まとまった利益を生み出すことができました。

　さらに大きな特徴として、このプロモーションで販売したのは私自身の商品ではなく、ビジネスパートナーの方のコンテンツです。つまり、例えば現

時点で自分の商品を持たない方でも実行できるビジネスモデルということです。（もちろん、自分自身の商品を売り出す場合にも使えるヒントやテクニックが満載です）

　特にこれからビジネスを始める段階の方は、このセミナーで解説しているような、少数の読者に対して単価の高い商品を販売するプロモーションにまずはチャレンジすることをおすすめします。

　高単価の商品を販売するとなると、一見して難しく思えるかもしれません。しかし、実際のところ少数の見込み客に対して高単価商品を販売するアプローチは、顔も見えない不特定多数の見込み客に安い単価の商品を広くセールスするよりもカンタンです。

　少数の見込み客を対象とするプロモーションであれば、比較的集客のハードルが低く、大規模な広告費を投下しなくとも丁寧に実行すれば結果が出やすく、さらには見込み客一人ひとりと密に接する機会を持ちやすいため、リサーチがしやすい傾向があります。

　以下のURLからアドレスを登録していただければ、セミナー動画をお届けします。あなたがこれから「売れる仕組み」を構築する一助になれば幸いです。

下記のURLにアクセスすると15万円のビジネス合宿を成約率48％で販売した『WEBプロモーション実例解説セミナー』をダウンロードできます。

※予告せず削除する可能性があるため、お早めのアクセスをおすすめします。

http://bookseminar.online

監修者よりメッセージ

　本書を手に取っていただき、誠にありがとうございました。マーチャントブックス監修者の菅智晃です。

　マーチャントブックスは、書籍を手にしてからが始まりです。本書を通じて仕組みを学べるのはもちろんですが、著者と実際に繋がるという機会を設けています。なぜなら、僕自身や周囲の経営者は例外なく人との出会いで大きくビジネスが好転したからです。どの手法に出会うかではなく、誰と出会うかでビジネスライフの充実度は大きく変わります。

　もちろん、凄くためになる学びをインターネットや書籍で得たこともたくさんあります。ですが、対面での交流に勝る飛躍をしたという感覚には至りません。そのため、読んで終わりの書籍ではなく、そこから繋がりが生まれる書籍にしていきたいという気持ちがありました。そこで、あなたにも著者の伊藤勘司さんと直接繋がってほしいと思っています。

　伊藤勘司さんはマーチャントクラブの中でもマーケターとしてメンバー内からも非常に注目されています。それが証拠に、マーチャントクラブの勉強会では今実際に結果が出ている手法に特化してクラブメンバーの誰かが登壇するという形式をとっているのですが、彼の登壇は歴代最多動員数をマークするほどの人気を博しているのです。

　WEB集客の王道を歩みつつも常に研究を欠かさないその姿勢が、彼の何よりの魅力。少数の読者（見込み客）がいれば十分にプロモーションを打って成果を出せることを、幾度となく実践の中で僕らに見せてくれました。

　伊藤勘司さんとの出会いは間違いなくビジネスを好転させてくれるはずです。

　そして、学びと出会いを通じてビジネスを楽しむ環境を手にしてほしいのです。これは自ら飛び込まなければ手にすることができません。

僕は家族に「仕事だから」と言いつつも当の本人は遊びに行くような感覚で事務所に向かっています。仕事が楽しいと感じることが当たり前になりました。

　そこで、あなたにも時間を忘れてしまうくらい夢中になってほしいと思っています。

ゲームを徹夜で無我夢中でやっていた子供の頃のように…
友達と遊んでいたらあっというまに時間が過ぎるほど楽しかった頃のように…
文化祭や体育祭で仲間とふざけながらも真剣に盛り上がっていた頃のように…
家族や恋人など、好きな人と過ごす時間が一瞬で過ぎるかのように…

　そんなふうにビジネスと向き合えたら、楽しいと思いませんか？

　ビジネスは結果を出してこそ継続することができますが、過程を楽しんでいる人ほど結果を出しているという事実もあります。ビジネスにおいて現状維持は停滞のはじまり……だからこそ僕らは継続的に情報を取り入れて、実践を積み重ねながら学んでいく必要があります。

　学びのオンライン化が加速していく中、アナログな対面形式は逆行しているよう見えるかもしれません。ですが、デジタル化の促進によって犠牲となったアナログ要素の良い部分……これが「場を共有して行う対話」にあるのではないかと強く感じています。

　本書がきっかけとなって伊藤勘司さんと出会い、学び、対話を重ね、ビジネスが好転していく人が１人でも増えればと思っております。

マーチャントブックス監修
株式会社アイマーチャント代表取締役
　　　菅　智晃

おわりに

　コピーライティングや集客などの詳細なテクニックに関しては、優れた類書がすでに多数存在します。しかし、「ビジネスをいかに仕組み化していくべきか」「仕組み化において重要な視点は何か」というテーマを正面から取り扱った書籍はあまり見ません。

　そんな中にあって、あなたが仕組みづくりで道に迷った時の助けになれればと思い、本書を書かせていただきました。

　仕組みづくりをテーマに据えた本書ではありますが、見込み客リサーチや商品設計に紙面の大半を割いたことには、それなりの理由があります。というのも、結局のところその仕組みが生きるか死ぬかは、本質的なサービスや商品の価値で決まるからです。

　本文中で述べた通り、仕組みとは本来「世により貢献するための装置」です。

　自分一人という身体的な限界を超えてサービスや商品を広めて世の中をより良くするために、仕組み化や自動化といった概念が存在します。

　このような言葉は綺麗事のように響くかもしれません。しかし、私自身が一人の事業主として生き抜くためにシビアに突き詰めて考えた末の主張であることは、まぎれもない真実です。

　商品も仕組みも、世にとって有益なものでなければ受け入れてもらえず、存在すら認めてもらえないという厳しい現実があります。なればこそ、売れ続ける仕組みをつくりたいのであれば、本質的な価値を考え抜くことが重要です。

　これから、「良いものは努力せずとも広まり、そうでないものは忘れられていく」時代がやってきます。世界の先進企業は競って資本を投入し、AIやブロックチェーンといったテクノロジーの発達が連日メディアを賑わせています。

こうした現実が示唆するように、技術の発展はこれからますます加速し、WEBマーケティングの形を大きく変えていくことでしょう。

これまで我々が情報に触れる時は、検索窓にキーワードを打ち込んで適切な情報を探索してきました。ところがこれからは、例えばAIがモバイルユーザーの行動を逐一監視して「あなたにはこのコンテンツがおすすめですよ」と話しかけてくる…そんな世界が実現する可能性があります。

これは決して遠い未来の話ではありません。すでに、あなたのFacebookのタイムラインにどのような広告を表示するかはAIが判断していますし、ニュースのキュレーション（まとめ）アプリで表示される記事も、あなたの閲覧履歴で好みを把握したAIによって最適化されています。

今後　世界をより密に繋げるテクノロジーが発展するごとに、WEBマーケティングはある意味よりアナログかつローカルに、プロダクトと顧客の関係を見つめる営みに収斂していくことでしょう。

５年後あるいは10年後…それほど遠くはない未来にAIにおすすめしてもらえる商品やサービスを作り込んでいくために、「見込み客を知り」「良い商品をつくり」「仕組み化して広めていく」この一連の流れを俯瞰できる一冊に仕上げたつもりです。

とはいえ、本書の内容が絶対の正解とは思いません。正解は人や価値観、時代によって如何様にも変わりますし、何より、正解は「私」ではなく「あなたの顧客」が決めることです。

ですから、本書には「わかりやすい答え」ではなく「考える視点」を数多く埋め込むよう努めました。仕組みづくりで困った時にいつでも立ち戻って相談できる「話し相手」として、本書をご活用いただければ幸いです。

執筆の機会をくださった株式会社アイマーチャントの菅智晃さん、厚有出版株式会社の金田弘さんに感謝を申し上げます。筆が止まった時にも辛抱強

く待ってくださり、気分転換に焼肉に誘ってくださったお二人にはまったく頭があがりません。

　文章がまだ整形すらできていない段階から有益なコメントをくださった濱田圭子さん、沖野雅英さん、山本航暉さん、森田将揮さん、伊藤綾音さん、黒石譲さん、佐藤旭さん、素敵な似顔絵イラストを手掛けてくださった青木拓也さん、マーチャントクラブのメンバーの皆様、ありがとうございました。

　また、叱咤激励をくださった名前を挙げきれないほど多くの起業家仲間や諸先輩方に感謝申し上げます。要所要所でいただいた的確なアドバイスのおかげで、迷いを断ち切り書き上げることができました。

　この本は私ひとりで書いた本ではありません。本書の至るところに、皆様からいただいた気付きや知恵が込められています。

　常に支えてくれる妻　裕子と、執筆期間に３人に増えた子どもたちに感謝します。起業という我儘に付き合ってくれて、いつもありがとう。

　最後に、この本を手に取ってくださったあなたにも特別の感謝を。あなたの仕組みづくりを陰ながら応援しています。

　私にとって、本書の執筆は自身のルーツと未来を見つめ直す旅でもありました。書いては消し、書いては消しながら自分の内面に相対した執筆期間は、苦しくも幸福な時間でした。ある意味、大学以来のモラトリアムな時間だったかもしれません。

　このような機会を与えてくださったすべてに感謝します。ありがとうございました。

平成29年10月

伊藤勘司

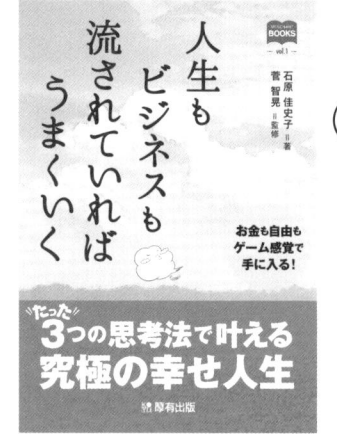

[マーチャントブックス] vol.2

ずーっと売れる WEB の仕組みのつくりかた

平成29年11月3日　初版発行
平成30年6月12日　第2刷発行

著　者　　伊藤勘司
監修者　　菅　智晃
発行者　　上條章雄

KOYU 厚有出版

〒105-0001 東京都港区虎ノ門2-8-1 虎の門電気ビル3階
TEL. 03-3507-7491　FAX. 03-3507-7490
http://www.koyu-shuppan.com/

装丁・カバーデザイン　　信川博希（インターマキシス）
本文デザイン　　大橋智子
イラスト　　青木拓也
DTP　　信東社
印刷所　　ディグ
製本所　　中永製本所
編集担当　　金田　弘